Desafios à terapia de casal e de família

CIP-BRASIL. CATALOGAÇÃO NA PUBLICAÇÃO
SINDICATO NACIONAL DOS EDITORES DE LIVROS, RJ

D484

Desafios à terapia de casal e de família : olhares junguianos na clínica contemporânea / organização Vanda Lucia Di Yorio Benedito. - 1. ed. - São Paulo : Summus, 2021.
232 p. ; 21 cm.

Inclui bibliografia
ISBN 978-65-5549-044-2

1. Psicologia junguiana. 2. Psicoterapia conjugal. 3. Psicoterapia familiar. 4. Psicologia clínica. I. Benedito, Vanda Lucia Di Yorio.

21-72774
CDD: 150.1954
CDU: 159.9.019

Camila Donis Hartmann - Bibliotecária - CRB-7/6472

www.summus.com.br

Compre em lugar de fotocopiar.
Cada real que você dá por um livro recompensa seus autores
e os convida a produzir mais sobre o tema;
incentiva seus editores a encomendar, traduzir e publicar
outras obras sobre o assunto;
e paga aos livreiros por estocar e levar até você livros
para a sua informação e o seu entretenimento.
Cada real que você dá pela fotocópia não autorizada de um livro
financia o crime
e ajuda a matar a produção intelectual de seu país.

Desafios à terapia de casal e de família

Olhares junguianos na clínica contemporânea

VANDA LUCIA DI YORIO BENEDITO
(ORG.)

summus editorial

DESAFIOS À TERAPIA DE CASAL E DE FAMÍLIA
Olhares junguianos na clínica contemporânea
Copyright © 2021 by autoras
Direitos desta edição reservados por Summus Editorial

Editora executiva: **Soraia Bini Cury**
Assistente editorial: **Janaína Marcoantonio**
Capa: **Alberto Mateus**
Diagramação: **Crayon Editorial**

Summus Editorial
Departamento editorial
Rua Itapicuru, 613 – 7º andar
05006-000 – São Paulo – SP
Fone: (11) 3872-3322
http://www.summus.com.br
e-mail: summus@summus.com.br

Atendimento ao consumidor
Summus Editorial
Fone: (11) 3865-9890

Vendas por atacado
Fone: (11) 3873-8638
e-mail: vendas@summus.com.br

Impresso no Brasil

Sumário

Prefácio 7
Laura Villares de Freitas

Apresentação 13
Vanda Lucia Di Yorio Benedito

PARTE I – Diferentes olhares sobre os relacionamentos amorosos: encontros e desencontros 15
1 A abordagem junguiana e a terapia de casal em direção à individuação conjugal 16
Vanda Lucia Di Yorio Benedito

2 Internet: apenas mais uma esquina da vida? 38
Cláudia Nejme e Deusa Rita Tardelli Robles

3 Sexo na conjugalidade: renascimento e transformação no século 21 55
Liriam Jeanette Estephano

4 Casais homoafetivos: afinando a escuta 72
Adriana Lopes Garcia

5 Onde podemos nos (des)encontrar? 89
Juliana Graciosa Botelho Keating e Rosana Kelli A. S. Picchi

6 Corpo e toque na terapia individual e de casal:
psicologia analítica e o trabalho de Pethö Sándor 104
Olga Maria Fontana

7 O impacto da tecnologia no contexto do casal e da família .122
Andrea Castiel

PARTE II – O casal nos diferentes ciclos da vida 139
8 Reflexões para uma clínica junguiana na perinatalidade
e na parentalidade. 140
Betânia Farias

9 Casal com filhos pequenos: como não se tornar cativo? . .158
Deusa Rita Tardelli Robles, Isabel Cristina Ramos de Araújo e Maria Silvia Costa Pessoa

10 Filhos adolescentes e pais na meia-idade: a dupla
crise como oportunidade de desenvolvimento 170
Luciana Blumenthal

11 Envelhecimento e contemporaneidade 187
Maria da Glória G. de Miranda e Marli Tagliari

12 O casal enlutado: dinâmica e desafios 208
Maria Silvia Costa Pessoa

Prefácio

Começo este prefácio dizendo que a coisa está feia: plena pandemia por coronavírus e, não bastasse, um país sofrendo por ações e omissões de um governo que aumenta os riscos e negligencia os cuidados à vida dos brasileiros. Mais de mil mortos por dia, muitos infectados a cada minuto. Maio de 2021 e estamos há praticamente um ano com a vida abalada: adoecimentos; confinamento em casa e o máximo de distanciamento físico entre as pessoas; turbulências nas famílias, no trabalho, na vida escolar, social e cultural; mortes sem preparo ou despedida; sistemas de saúde em colapso, profissionais exaustos e exauridos; vacinas em quantidade insuficiente, pessoas precisando se arriscar à infecção além do razoável para trazer comida à mesa, outras nem isso.

Não era neste tom que eu pretendia iniciar este texto, mas não houve jeito, ele se impôs. Essa situação nos perpassa a todos, trazendo medo de infecção pelo vírus, insegurança quanto ao futuro, lutos sem a devida consideração, frustração pelo confinamento obrigatório e pela impossibilidade de encontros olho no olho ou pele na pele. Temos ainda angústia, relacionamentos que entram em conflito e pedem novas configurações, e uma vida excessivamente mediada por computadores ou celulares, com prejuízos à saúde física e mental. Como dar conta de um cotidiano com tantas perdas, demandas e necessidades?

Eu queria mesmo era ter, já de início, podido declarar minha alegria e honra pela oportunidade de apresentar esta obra, organizada por Vanda Lucia Di Yorio Benedito e recém-nascida num momento tão delicado. Vanda, muito perspicaz, mal despontava a pandemia e a obrigação de recolhimento em casa, convocou as participantes do Núcleo de Terapia de Casal e Família da Sociedade Brasileira de Psicologia Analítica a redigir aspectos de suas experiências clínicas, com vistas a compor um livro. Mais do que isso, criou oportunidades online para a apreciação dos textos no grupo, o que garantiu uma satisfatória complementaridade entre eles, múltiplos olhares sobre cada tema e um ganho em aprofundamento. O resultado é esta coletânea, que ilustra a competência profissional das autoras e mantém tanto a vitalidade do tema central quanto a impossibilidade, a ele inerente, de abordá-lo de maneira conclusiva.

Em 2015, tive a oportunidade de prefaciar o livro que pode ser considerado o irmão mais velho deste, *Terapia de casal e de família na clínica junguiana*, também organizado por Vanda e fruto do trabalho do mesmo núcleo. À época, saltava à vista a enorme lacuna na literatura da psicologia junguiana a respeito do atendimento de casais. A situação melhorou um pouco desde então, com maior participação do tema em congressos, cursos e publicações da área. Por outro lado, justamente nos últimos anos, os casais e as famílias em configurações mais abertas têm sido alvo de ataques de cunho moralista, com maior ou menor grau de violência, num movimento de estagnação e retrocesso quanto aos direitos conquistados no início deste século.

A psicologia analítica nos ajuda a compreender que o caminhar da vida se dá numa dinâmica incessante entre polaridades opostas, num movimento que não é linear, mas cheio de voltas, avanços e recuos. Contudo, talvez a mesma psicologia esteja ainda em plena busca de explicar tamanha regressão, e até fixação, como a que se depreende de falas e atos imbuídos de grande violência e injustiça constatados na atualidade.

Mas é possível ter esperança. Um trabalho clínico como o aqui esboçado aposta na possibilidade de brechas que abrem novos caminhos, nos quais a criatividade se presta a elaborar conflitos, a buscar e atualizar parcerias e a construir redes de apoio em períodos de fragilidade ou crise. Não se trata de visar solucionar tudo ou impor situações idealizadas como perfeitas, mas de trazer uma postura de abertura e escuta, de reconhecimento de diferenças e singularidades. A ideia é colaborar para a criação de um campo onde algo novo e imbuído de respeito surja e mobilize mudanças factíveis.

Há uma dimensão artesanal neste trabalho, que requer paciência, tempo, olhares de diferentes ângulos, capacidade de espera e postura de alteridade – tudo isso ao lado de uma maturidade que constata, em face da complexidade de fatores em jogo na dinâmica conjugal e familiar contemporânea, que mais vale descrever, refletir, compartilhar experiências e levantar questões do que buscar respostas e caminhos definidos *a priori*. A teoria e os elementos da cultura são tomados como inspiradores e não se abandona, em momento algum, a prática clínica para tais considerações.

O casal e a família constituem ambientes por excelência em que o potencial arquetípico ganha formas singulares e se humaniza, o que reassegura o processo de individuação, também neles, como um conceito basilar e necessariamente considerado neste livro. Isso não se dá de maneira tranquila, previsível ou constante; percebem-se os desafios da individuação também no seio do casal e da família. Há, sim, algo como crises esperadas – a gravidez e o nascimento de um filho, o cotidiano com filhos pequenos ou adolescentes, o envelhecimento a dois, o casal enlutado –, mas as maneiras de passar por elas diferem, e como! Há temas contemporâneos – a sexualidade, os casais homoafetivos, aspectos da dinâmica do narcisismo-ecoísmo, a influência da tecnologia ao facilitar encontros amorosos e também ao invadir o cotidiano familiar.

Do ponto de vista do manejo técnico, um capítulo específico trata do atendimento de casais valendo-se do trabalho corporal inspirado na contribuição de Pethö Sándor. E, distribuídos pelo livro, há exemplos do uso de contos como facilitadores do processo terapêutico e vinhetas ilustrativas de fragmentos de situações clínicas, algumas relacionadas a conceitos teóricos e outras amplificadas com base em elementos de nossa cultura, como filmes da atualidade.

Os textos estão organizados em duas partes: a primeira apresenta diferentes olhares para os relacionamentos amorosos; já a segunda considera o casal em diferentes ciclos da vida. Lê-los na ordem sugerida oferece-nos uma visão que leva em conta os ciclos de desenvolvimento e talvez evoque memórias nessa perspectiva. Por outro lado, cada um poderá também criar uma sequência própria para a leitura, pois os capítulos têm começo, meio e fim e abordam temas específicos, guardando certa independência em relação aos demais.

Trata-se de um livro com grande potencial para contribuir com o aprimoramento profissional de terapeutas de casal e família, dada a amplitude de temas e de maneiras de abordá-los. Por outro lado, sua linguagem é clara e acessível, o que pode também interessar a leigos.

Os tempos no trabalho em psicologia se entrecruzam e desafiam. Percebo, nesta obra, reflexões que buscam dar conta minimamente do vivido na clínica ao longo dos últimos anos. Vejo um grande valor no registro em que consiste esta coletânea. Por outro lado, simultaneamente ao tempo da escrita e das inúmeras revisões necessárias às boas publicações, casais e famílias têm buscado atendimento psicoterapêutico em plena pandemia, trazendo velhas questões com novas roupagens e, inclusive, demandas específicas à situação mais global. Está se formando um caldo de novas experiências e reflexões a partir da clínica que, espero, venha a fornecer substrato para uma terceira publicação no âmbito deste núcleo, que tem sido tão consistente e criativo.

Por ora, contemos com o que aqui se apresenta como uma degustação valiosa e atual de temas tão multifacetados. Desejo uma boa leitura!

LAURA VILLARES DE FREITAS
Membro analista da Sociedade Brasileira de Psicologia Analítica; professora livre-docente do Instituto de Psicologia da Universidade de São Paulo; doutora em Psicologia Clínica

Apresentação

A ideia deste livro começou a ser gestada logo depois do lançamento do primeiro livro: *Terapia de casal e de família na clínica junguiana – Teoria e prática*. Seis anos se passaram. Foi uma construção lenta no início, mas o período de confinamento pela pandemia de Covid-19 nos impulsionou a produzir com mais afinco. Diante das limitações que o contexto nos impôs, a única opção possível eram os encontros online, mas paradoxalmente nosso movimento foi de expansão: aumentamos nossos encontros, nossas leituras, nossa produção coletiva.

Assim como o primeiro livro, este também foi escrito por muitas mãos. Todos os textos foram lidos e relidos pelo grupo, buscando um aprofundamento no conhecimento e nas reflexões sobre a teoria aplicados à nossa prática. Esses dois planos interagem em todos os capítulos.

Mesmo considerando que esta produção foi fruto de um longo percurso compartilhado, procuramos traduzir, nos diferentes capítulos, experiências variadas dos autores, que vêm acompanhando as transformações do mundo privado, refletidas neste livro pelas demandas contemporâneas trazidas aos nossos consultórios por casais e famílias.

Esse núcleo tem sido fiel ao seu propósito inicial: o de expandir o conhecimento da psicologia analítica ao campo de estudo e trabalho psicológico com casais e famílias, ainda pouquíssimo desenvolvido no mundo junguiano. Ligado à clínica da Sociedade Brasileira de Psicologia Analítica, o núcleo também cumpre com seu compromisso de atender casais e famílias de baixa renda.

Estamos convencidas de que este caminho que abraça diferentes olhares para trabalhar com o contexto conjugal e familiar nos aproxima, de forma empática, de uma visão mais realista da complexidade dessas estruturas.

Esperamos que este livro incentive e fortaleça o trabalho de vários colegas que desejam, como nós, trilhar o caminho da terapia de casal e família na abordagem junguiana.

VANDA LUCIA DI YORIO BENEDITO

PARTE I

Diferentes olhares sobre os relacionamentos amorosos: encontros e desencontros

1
A abordagem junguiana e a terapia de casal em direção à individuação conjugal

Vanda Lucia Di Yorio Benedito

> *"Amor", como se sabe, é um conceito vastíssimo, que pode alcançar céus e infernos, em que se conjugam o bem e o mal, a nobreza e a baixeza.*
> (JUNG, 1981, §10)

Este capítulo pretende buscar na obra de Jung e de seus seguidores pressupostos teóricos com os quais seja possível desenvolver uma compreensão da conjugalidade, a fim de apresentar manejos clínicos que favoreçam o alinhamento entre teoria e prática.

A intersecção entre esses dois campos, clínico e teórico, será feita por meio da compreensão simbólica dos conflitos conjugais, demonstrando como os parceiros podem chegar a reconhecer e vivenciar o campo imago-afetivo, no qual se constrói e também se sustenta a dor psíquica que paralisa o vínculo amoroso. Esse campo será compreendido com base nos complexos sombrios complementares dos cônjuges. A identificação e elaboração de complexos na terapia de casal lida com elementos conscientes e inconscientes, passados e futuros, pessoais e relacionais, individuais e coletivos, trabalhando os conflitos num desdobramento contínuo entre afeto e imagem, emoção e pensamento.

Jung (1986a) escreveu um trabalho intitulado *O casamento como relacionamento psíquico*, em que apresenta e reflete sobre várias ideias até hoje válidas para o entendimento da dinâmica conjugal. Nele, também aborda os motivos inconscientes que levam os indivíduos a se apaixonar e se manter unidos como casal. Ressalta que a escolha dos cônjuges, quando influenciada por fatores regressivos, determinados pela ligação com o mundo dos pais, leva os parceiros a se unir e permanecer num estado de indiferenciação psíquica, cujas bases são mais instintivas e coletivas.

À medida que o relacionamento avança no tempo, as dificuldades e os desafios naturais da vida exigem de cada cônjuge equilíbrio interno: "A desunião consigo mesmo gera descontentamento e, como a pessoa não está consciente desse estado, procura geralmente projetar no outro cônjuge os motivos de tudo isso" (Jung, 1986a, §331).

O TRABALHO CLÍNICO COM CASAIS E AS BASES TEÓRICAS DA PSICOLOGIA ANALÍTICA

Quando um casal busca a psicoterapia é porque existe um grau de insatisfação no vínculo que está corroendo sua afetividade, sua sexualidade e/ou seus projetos. Em geral, trazem fortes sentimentos de raiva, frustração, desencanto, decepção, desesperança.

Nas primeiras sessões, além de ouvir e tentar entender as queixas trazidas pelo casal, é importante saber que caminhos a dupla já tentou para lidar com seus conflitos antes de procurar a psicoterapia, com a finalidade de conhecer os recursos psicológicos de cada cônjuge e os resultados de suas ações na interação conjugal. É importante analisar essas ações para avaliarmos o empenho que cada um dos parceiros demonstrou nessas tentativas e o grau de comprometimento com o desejo de mudança por eles apresentado.

Iniciar nossa abordagem por esse caminho ajuda a legitimar o casal como responsável pelo vínculo e, assim, devolver-lhes a imagem de parceiros, conectando-os de alguma forma à imagem arquetípica do "casal sagrado", que luta para se manter unido. A decisão de fazer terapia de casal pode se fortalecer depois desse procedimento.

Nas primeiras sessões, é muito importante que os cônjuges sintam que suas queixas individuais e conjugais estão sendo ouvidas e entendidas pelo terapeuta em suas. Tal aliança entre o terapeuta e o casal é imperiosa para prosseguir com o trabalho e fortalecer a adesão à terapia.

CONTAR CONTOS: RECURSOS EXPRESSIVOS NA TERAPIA DE CASAL

Os terapeutas de casal junguianos fazem uso de recursos expressivos: sonhos, técnicas dramáticas, caixa de areia, entre outros. Usam também a técnica de construir o genograma, a qual ajuda os casais a identificar os complexos familiares que geram padrões de relacionamento que se repetem por gerações e muitas vezes são reproduzidos no vínculo em questão.

Contar contos que se referem à dinâmica conjugal também pode ser um bom recurso para mobilizar sentimentos que estão engessados no vínculo; isso possibilita trabalhar com a percepção de si e do outro e, ao mesmo tempo, trazer um clima lúdico, que pode diminuir a tensão do campo relacional.

Polly Young-Eisendrath (1995) faz uso de contos para entender a dinâmica conjugal. Segundo a autora, as mensagens simbólicas contidas nos contos revelam a existência de um emaranhado de complexos na psique, contaminados uns pelos outros, que precisam ser interpretados e integrados para a ampliação da consciência.

O emaranhado dos complexos maternos e paternos, o desenvolvimento sombrio dos complexos da *anima* e do *animus*, os complexos defensivos da *persona* e até mesmo quadros psicopatológicos presentes nos parceiros engendram conjugalidades resistentes à mudança, formando a sombra conjugal.

Nos contos, os personagens e suas dinâmicas traduzem os complexos, apresentando seus conflitos, tensões, sofrimentos e desafios, à semelhança daqueles encontrados no repertório dos casais em atendimento psicoterápico. Em estado de sofrimento, é comum o paciente não perceber a finalidade das crises vivenciadas, e quando passa a entendê-la, amplia-se o nível de consciência sobre o conflito.

Segundo Young-Eisendraht (1995, p. 10),

> As histórias orientam, no sentido de ajudar a encontrar nosso caminho através das crises e transições do ciclo da vida: nascimento, infância, a iniciação da adolescência para a vida adulta, vida adulta e transcendência da perda pessoal na velhice – são todos períodos críticos no desenvolvimento pessoal.

Nesse sentido, entendemos também que o casamento vem a ser um dos maiores desafios no ciclo da vida humana.

Os contos no *setting* terapêutico contribuem para facilitar esse entendimento. Traça-se um paralelo entre a história particular de um casal e o enredo de determinado conto, tocando a natureza dos seus complexos. Criando um clima mais lúdico na sessão, podemos "driblar" as resistências das *personas* defensivas do casal. Constrói-se uma via simbólica rica em possibilidades associativas e, com isso, surgem saídas para o imobilismo instalado na relação conjugal.

Contar um conto na terapia de casal, conversar sobre as diferentes formas de identificação com os personagens e suas dinâmicas, leva-nos, ao lado dos casais, a alcançar *insights* em pontos que não conseguimos apreender com a razão. É possível identificar nas histórias, por meio do comportamento dos personagens e da dinâmica entre eles, que a sombra de cada cônjuge se apresenta, na forma de complexos, em situações que ativam conteúdos que foram reprimidos em algum momento da vida individual e consequentemente impactam a vida conjugal.

Para von Franz (1980), a sombra se manifesta em situações em que a vivência de um arquétipo foi ferida, deixando o ego num estado de paralisia ou enfeitiçamento.

É possível perceber a ferida arquetípica na origem dessa dinâmica sombria em muitos relacionamentos. Busca-se inconscientemente um par que restaure a confiança na entrega amorosa. Em geral, essa ferida remonta às relações primárias, aos primeiros objetos de amor e apego, com os quais se experimentam as primeiras vivências para o desenvolvimento da confiança básica. Onde deveria brotar o amor, vive-se a traição, quando a psique está vulnerável e totalmente dependente da resposta amorosa do outro.

É nesses vínculos primários que o indivíduo, ainda em tenra idade, conhece a dor profunda da traição, quando não pode experimentar na relação parental a confiança absoluta nos pais arquetípicos por meio dos pais pessoais. Robert Stein (1978, p. 95), no livro *Incesto e amor humano*, afirma:

> Viver a experiência da Mãe e do Pai arquetípicos em relação aos próprios pais é essencial para o desenvolvimento psicológico da criança. O desenvolvimento do ego será seriamente afetado se essa experiência fundamental for abalada cedo demais.

Mais tarde, na vida adulta, quando se constelam os arquétipos da *anima* e do *animus* numa relação de apaixonamento, a experiência arquetípica do amor ferido reativa, junto com o desejo, a dor e o temor da traição.

O estado de apaixonamento desafia o ego a buscar seus recursos para humanizar essa paixão e torná-la acessível e manejável dentro da realidade do relacionamento. Caso isso não ocorra, o indivíduo estará exposto em sua vulnerabilidade frente aos perigos do amor, já experimentados na infância, o que o leva a ativar as defesas contra esse sentimento.

> O desejo apaixonado tem dois lados: é a força que tudo exalta e, sob determinadas circunstâncias, também tudo destrói. É compreensível assim que um desejo ardente já venha em si acompanhado de medo ou que seja seguido ou anunciado pelo medo. A paixão acarreta destinos e, com isso, cria situações irrevogáveis. Impele a roda do tempo para a frente e imprime na memória

um passado irreparável. O medo do destino é por demais compreensível: ele é imprevisível e ilimitado, encerra perigos desconhecidos, e a hesitação dos neuróticos em tentar a vida explica-se facilmente pelo desejo de ficar de lado, para não ser envolvido na perigosa luta. Quem renuncia à façanha de viver precisa sufocar dentro de si mesmo o desejo de fazê-lo, portanto cometer uma espécie de suicídio parcial. Isto explica as fantasias de morte que frequentemente acompanham a renúncia ao desejo. (Jung, 1986a, §165)

Amadurecer num vínculo que se origina do apaixonamento exige percorrer um caminho sem nenhuma garantia de sucesso. Mas, se o desafio for aceito, múltiplos significados afetivos e simbólicos serão construídos a partir dessa relação.

Da idealização inicial do outro e do vínculo, percorrem-se momentos de ressentimento, tédio, amargura, desespero, solidão e até derrota, o que equivale simbolicamente à morte do casamento. São experiências psíquicas que acompanham e regulam o ciclo do relacionamento do casal, ocorrendo simultaneamente com experiências de satisfação, ternura, aliança, proteção, realização e amor. Os conflitos conjugais vivenciados por sentimentos ambivalentes e opostos de raiva e amor, agressão e ternura predispõem o casal a buscar aproximação ao mesmo tempo que contrariam seus desejos de separação. Essa tensão dos opostos intrapsíquica e inter-relacional provoca dores difíceis de ser conciliadas no relacionamento amoroso, mas é, ao mesmo tempo, um desafio para o amadurecimento das personalidades, fazendo do casamento um lugar especial para a individuação dos cônjuges e do vínculo conjugal (Guggenbuhl-Craig, 1980).

CONTO: "O CASAL SILENCIOSO"

Era uma vez um jovem que era tido como o sujeito mais obstinado e pertinaz da cidade e uma jovem tida como a mais teimosa. E, é claro, eles deram um jeito de se apaixonar um pelo outro e acabaram se casando. Depois da cerimônia de casamento ofereceram uma grande festa na residência do casal, que durou o dia inteiro. Quando os amigos e parentes não aguentavam mais comer, começaram a voltar para suas casas. Os noivos estavam exaustos e foram tirando os sapatos, preparando-se para relaxar, quando o marido percebeu que o último convidado havia deixado a porta aberta.

— Querida, você se importaria de ir até lá para fechar a porta? Está entrando uma corrente de ar — disse.

— Por que eu deveria ir? — disse ela, bocejando de cansaço. — Passei o dia inteiro andando de um lado para o outro e mal acabei de sentar. Vá você.

— Ah, então é assim que serão as coisas! — retrucou, de pronto, o marido. — Bastou colocar o anel no dedo para você se transformar numa grande preguiçosa!

— Mas que atrevido! Não faz um dia que estamos casados e você já está me xingando e dando ordens! Eu deveria saber o tipo de marido que você seria!

— Nhém, nhém, nhém! Será que você nunca para de resmungar?

— E será que você não para nunca de reclamar e criticar?

Ficaram os dois se entreolhando, irados por bons cinco minutos. Enfim, a noiva teve a ideia:

— Meu bem, nenhum de nós quer ir fechar a porta e estamos os dois cansados de ouvir a voz do outro. Proponho, então, um concurso. Aquele que falar primeiro terá que fechar a porta.

— É a melhor ideia que ouvi hoje — retrucou o marido. — Vamos começar já.

Acomodaram-se, então, em suas cadeiras e ficaram se olhando em silêncio absoluto. Estavam sentados de frente um para o outro havia duas horas quando dois ladrões passaram com um carrinho e viram a porta aberta. Esgueiraram-se para dentro da casa, que parecia estar totalmente deserta, e começaram a roubar tudo que conseguiam. Pegaram mesas, cadeiras, arrancaram quadros da parede, chegaram até a enrolar os tapetes para levar. Mas nenhum dos recém-casados disse uma palavra, nem se mexeu.

"Não posso acreditar — pensou o marido. — Eles vão levar tudo que temos, e ela não vai dizer uma palavra sequer."

"Por que ele não pede socorro? — pensou a mulher com seus botões. — Será que ele vai ficar sentado ali enquanto eles roubam tudo o que desejam?"

Os ladrões acabaram percebendo o casal calado e imóvel e, achando que eram estátuas de cera, tiraram-lhes as joias, relógios e carteiras. Mas nem marido e nem mulher disse uma palavra sequer.

Os ladrões fugiram com o produto do roubo e os recém-casados passaram a noite ali sentados.

Quando o dia raiou, um policial passou em frente da casa e, percebendo a porta aberta, meteu a cabeça pelo vão para verificar se estava tudo bem. Mas, é claro, não obteve resposta alguma do silencioso casal.

— Ora essa! — gritou ele. — Eu sou um agente da lei. Quem são vocês? Esta casa é sua? O que aconteceu com seus móveis? — E, ainda sem resposta, preparou-se para acertar um sopapo no homem.

— Não se atreva! — gritou a mulher, levantando-se de um pulo.

— Ele acaba de se tornar meu marido e se você encostar um dedo nele, vai ter que se ver comigo.

— Ganhei — gritou o marido, batendo palmas. — Agora, vá até lá e feche a porta.[1]

(Bennett, 1995, p. 159-61)

Esse conto aborda vários aspectos importantes da base do conflito conjugal: o momento da escolha do par amoroso, o movimento psicológico dos parceiros dentro do vínculo – a sombra do amor traduzindo-se em desejo de poder –, os mecanismos defensivos que sustentam essa dinâmica e a dificuldade de superá-los.

Começando pela escolha dos parceiros, o conto trata, no seu início, do apaixonamento de duas pessoas, realçando suas características de personalidade: o sujeito mais pertinaz da cidade e a jovem mais teimosa "deram um jeito de se apaixonar um pelo outro".

O que Jung nos diz sobre o fascínio que leva à escolha amorosa?

> Um tal fascínio nunca parte exclusivamente de uma pessoa para outra, mas é um fenômeno de relação, para o qual são necessárias duas pessoas, já que a pessoa fascinada precisa ter em si uma disposição correspondente. Mas a disposição tem que ser inconsciente, porque se assim não for, não se produz o efeito fascinador. O fascínio é um fenômeno compulsivo, desprovido de motivação consciente, isto é, não é um processo volitivo, mas um fenômeno que surge do inconsciente e se impõe à consciência, compulsivamente. (Jung, 1981, §139)

---

[1] Extraído de *O livro das virtudes*, antologia de William J. Bennett. Segundo o organizador da obra, o conto "O casal silencioso", tido como uma lenda antiga, aparece em diferentes versões pelo mundo, do Sri Lanka à Escócia.

Do ponto de vista psicológico, podemos entender o fascínio do envolvimento amoroso quando conhecemos a história do casal, quando relembram como se conheceram e o que os encantou um no outro. Frequentemente, o casal resgata um momento de vida em que os sentimentos eram mais positivos, havia mais leveza, alegria, esperança e sonhos de futuro. O terapeuta resgata um casal que já existiu, entregando-lhes uma imagem afetiva de si próprios, da qual se distanciaram e da qual mal se lembram, (re)apresentando-os um ao outro a partir dessa imagem. Quase sempre, a própria sessão ganha mais leveza, propicia brincadeiras e traz descontração, o que fica evidente na expressão corporal e facial do casal.

As histórias do início de uma relação apaixonada nos surpreendem pela exuberância de emoções em contraste com a queixa atual de distanciamento entre os cônjuges. "Maria se lembra que João parava o carro no meio da rua para lhe entregar flores. Hoje, João é uma pessoa fechada, distante, inclusive sexualmente."

Recontar a história do casal reaviva um período carregado de boas lembranças e comportamentos diferentes dos atuais. Na terapia, precisamos abrir todas as brechas para que os cônjuges resgatem e atualizem percepções positivas e afetivas um do outro, das quais se defendem em nome de ressentimentos, raivas, medos etc.

A ESCOLHA AMOROSA: FASCÍNIO, PROJEÇÃO E COMPLEXOS

A escolha amorosa tem suas bases na dinâmica do inconsciente. Por isso, o outro nos fascina. Jung entende que o conteúdo daquele que se projeta pode ser encontrado no objeto que recebe a projeção, não sendo um processo puramente subjetivo, mas que "confere um valor exagerado a qualquer traço desta qualidade presente no objeto" (1984, §520).

Esse postulado de Jung oferece uma compreensão profunda da dinâmica da escolha amorosa, apontando para um manejo importante na terapia, quando o psicólogo desafia ambos os parceiros a assumir a responsabilidade pelos processos psicológicos de suas escolhas. Os conteúdos das projeções na dinâmica amorosa não são propriedade de um, mas do sistema conjugal, o que dificulta que a relação evolua rumo à construção de um vínculo maduro.

Do ponto de vista psicológico, esse dinamismo projetivo conjugal mantém o casal estacionado no momento em que escolheram um ao outro, sem atualizar os conteúdos projetados que deram início ao relacionamento. Essa atualização é fundamental para aproximar a percepção empática da realidade de um cônjuge em relação ao outro, pois lhes permite ampliar a compreensão dos conflitos conjugais e lidar com eles de forma realista, tanto na dimensão simbólica quanto na concreta.

Conteúdos sombrios e indiferenciados da psique de cada um foram projetados e identificados na *persona* do outro, numa busca compensatória daquilo que internamente lhes falta: um homem inseguro, dependente do apoio dos pais, busca numa mulher aparentemente firme e decidida a força para se libertar. A *persona* defensiva dessa mulher encobre sua carência apaixonando-se por um homem que vai até o outro lado do mundo resgatá-la da dor de ter se sentido negligenciada pelos pais. A projeção distorce a realidade do outro, e a escolha inconsciente é uma tentativa de integrar aspectos necessários à individuação de cada parceiro dentro da conjugalidade. No entanto, quando as pessoas se apaixonam e não descolam suas projeções iniciais, permanecem na relação com o outro num estado de identidade psíquica, o que impede o amadurecimento do vínculo.

Isso ocorre porque tudo que é inconsciente é projetado. No relacionamento apaixonado, a psique de um encontra-se com a psique do outro numa condição de indiferenciação. Esta leva o casal a viver uma experiência de identidade na relação, evocando a vivência de estar em estado de graça com o outro, acreditando estar vivendo um amor de verdade: tudo que é bom para mim também é bom para o outro, o outro sente exatamente o que sinto, temos os mesmos pensamentos, os mesmos projetos.

Esse estado de identidade impede que ambos percebam o custo psicológico para o exercício da diferenciação de suas personalidades dentro do vínculo. E, quando esse custo se torna insuportável, a crise conjugal se instala – por vezes, com muita dificuldade de ser superada, sobretudo se essa condição de indiferenciação psíquica permanecer, mantendo o estado de identidade entre os parceiros, só que pelo lado sombrio da paixão: raiva, ódio, desejo de destruição.

O modo com que Jung descreve esse estado de identidade da psique nos parece muito útil para entender conflitos conjugais insolúveis.

> A identidade constitui, em primeiro lugar, uma igualdade inconsciente com o objeto. Não é uma equiparação nem uma identificação, mas uma identidade *a priori* que, de modo geral, jamais foi objeto de consciência. É na identidade que se baseia o ingênuo

preconceito de que a psicologia de um é igual à psicologia do outro, pelo que, desde que sejam válidos os mesmos motivos gerais, tudo quanto para mim for agradável terá de sê-lo para o próximo, o que para mim for imoral, será imoral para todos etc. Na identidade baseia-se ainda a propensão, tão generalizada, para corrigir nos outros aquilo que deveríamos corrigir em nós próprios. A identidade é a base para a possibilidade de sugestão e contágio psíquico. (Jung, 1976, p. 512)

Vejam como não é difícil, dentro desse estado psíquico, um relacionamento migrar de uma polaridade para outra. Quando um se decepciona com a realidade do outro, o que se reconhecia como amor logo se transforma em raiva, desilusão e disputa de poder, sempre disposto a reivindicar direitos, transformando o outro num eterno devedor. Diz Jung (1956/1985, §96): "Mas que representa o amor para quem tem fome de poder? É por isso que sempre encontramos duas causas principais para as catástrofes psíquicas: tanto a desilusão no amor, como o sentir-se contrariado nas pretensões do poder".

No casamento, essas duas causas andam juntas e se reforçam mutuamente na catástrofe conjugal, formando a sombra narcisista do casal.

A DINÂMICA NARCISISTA PRESENTE NOS CASAIS

A sombra do amor é o desejo de poder, que, como mecanismo de compensação na psique, se manifesta por diferentes formas de controle. Esse é o denominador comum nas dinâmicas conjugais com dominância das feridas narcísicas, nas quais os complexos maternos e paternos, da *anima* e do *animus*, influenciam e sofrem interferências simultânea e mutuamente, podendo fundir-se uns com os outros. Essa contaminação mútua dos complexos torna o acesso e o manejo dos conteúdos sombrios mais difíceis na vida a dois e também na terapia de casal.

Jung (1981) escreveu que *anima* e *animus* são os arquétipos responsáveis pela paixão, promovendo, simultânea e paradoxalmente, a idealização do outro e sua destruição, devido à sua autonomia e à força com que se expressam na vida psíquica. Um encontro, ao ativar esses arquétipos, costuma ser intenso emocionalmente; leva os parceiros a se relacionar entre si, predominantemente a partir de suas bases instintivas, coletivas e arquetípicas.

O CAMINHO EM DIREÇÃO À INDIVIDUAÇÃO NA DINÂMICA CONJUGAL

Stein (1978), ao abordar o mundo infantil, salienta a importância da retirada gradual da projeção arquetípica da criança sobre os pais para que se dê um desenvolvimento saudável, e analisa várias implicações quando esse processo não ocorre. Esse mesmo enfoque cabe também para a projeção da *anima* e do *animus* no relacionamento amoroso e contribui para a compreensão da dinâmica narcisista na conjugalidade.

Vale relembrar que toda experiência arquetípica exige do ego um sacrifício para o processo de individuação, que muitas vezes pode ser comparado à experiência simbólica de morte e destruição. Quanto ao relacionamento amoroso, se a retirada da projeção arquetípica da *anima* e do *animus* sobre o parceiro não acontecer, a relação será revestida pelo lado sombrio do arquétipo. Os parceiros, antes idealizados como salvador e rainha, passam a ser vistos pelo seu oposto, como demônio e bruxa, e uma relação de alteridade torna-se impossível.

O esvaziamento das projeções arquetípicas sobre as figuras idealizadas favorece, de forma gradual, o desenvolvimento da consciência do ego e o crescente reconhecimento das personalidades individuais que compõem o casal. Assim, a relação arquetípica presente no início do relacionamento pode evoluir para formas de relação mais pessoal, o que trará sempre uma vivência de perda que o ego terá de elaborar. Paradoxalmente, a psique de cada um ganhará maior independência diante das forças dos arquétipos da *anima* e do *animus*, e a consciência de si e do outro se ampliará.

> Esse movimento psíquico que vai da integridade da situação arquetípica original, de um lado, ao caráter incompleto da relação pessoal, de outro, é sempre acompanhado por uma experiência de dor e perda, mesmo se a transição for relativamente suave. (Stein, 1978, p. 97)

Esse processo se dá à medida que a condição egoica dos parceiros lhes permite viver essa experiência de perda de forma madura, usando-a a serviço do processo de individuação pessoal e conjugal. Stein (1978, p. 98) nos explica esse caminho: "Quando o rude contorno de proporções meramente humanas começa a emergir da fina e envolvente bruma arquetípica, sempre se tem uma sensação de desilusão. Mas, ao mesmo tempo, ganha-se um novo senso de liberdade e força".

Este é o grande ganho que se busca na terapia de casal. Levar os cônjuges a perceber que a desilusão com o outro muitas vezes provém dessa quebra da projeção arquetípica, sendo necessário tanto um esforço pessoal quanto conjugal para reconstruir a imagem de si e do outro a partir dessa quebra.

Quando esse processo psíquico é bem-sucedido no plano individual, o ego de cada cônjuge suporta a perda da ilusão de que o mundo não vai além dele e percebe que o que o ultrapassa tem valor e pode ajudá-lo no seu caminho em direção ao dinamismo da alteridade, na condição de amar como adulto. Identificamos na terapia de casal a luta do ego para não abrir mão dessa ilusão, mantendo a fantasia infantil de que isso seria um fracasso para o relacionamento e uma derrota para suas necessidades dentro daquele vínculo.

Pequenos movimentos nessa direção possibilitam, passo a passo, a elaboração simbólica do conflito conjugal, levando os parceiros a integrar seus complexos infantis sombrios, ampliando a consciência sobre eles e, ao mesmo tempo, permitindo-lhes começar a compor um outro casamento em bases mais realistas e possíveis. Ao traduzir os símbolos nas suas múltiplas dimensões, pode-se conectá-los aos diferentes níveis de necessidade de cada personalidade, sendo uma forma de criar espaços psicológicos novos em cada indivíduo e na relação a dois (Benedito, 2004).

Esse processo inclui a capacidade de estender a libido a outros objetos, por exemplo ao cônjuge, tornando-o significativo, com seus limites e imperfeições, o que é um grande desafio para a condição narcisista no vínculo amoroso, como descreveu Jung (1912/1986b, §253):

> Somos forçados a concluir que o objeto externo não pode ser amado porque uma parte predominante da libido prefere um objeto

interior que sobe das profundezas do inconsciente para substituir a realidade ausente. [...] No entanto, é difícil imaginar que este mundo tão rico seja demasiado pobre para poder oferecer um objeto ao amor de um homem. Ele oferece possibilidades infinitas para todos. É, ao contrário, a incapacidade de amar que priva o homem de suas possibilidades. Este mundo é vazio somente para aquele que não sabe dirigir sua libido para coisas e pessoas e torná-las vivas e belas para si. O que nos obriga, portanto, a criar um substitutivo a partir de nós mesmos não é a falta externa de objetos, e sim nossa incapacidade de envolver afetivamente alguma coisa além de nós. Por certo, as dificuldades da vida e as contrariedades da luta pela existência nos acabrunham, mas também situações graves não impedem o amor, ao contrário, podem estimular-nos para os maiores sacrifícios. [...] A resistência contra o amar causa a incapacidade para o amor, ou esta incapacidade age como resistência.

Voltemos ao conto do casal silencioso. Um simples pedido de fechar a porta se tornou símbolo de exploração, estruturando uma relação de resistência e controles mútuos: dois narcisos lutando no ringue do casamento. Numa relação amorosa que não é dominada pela ferida narcísica dos parceiros, um pedido de fechar a porta pode ser reflexo de uma atitude de confiança na disponibilidade do outro, e do entendimento de que aquela relação será de trocas mútuas: "Sempre que ele precisar, eu posso fechar a porta, porque confio que sempre que eu precisar e ele puder, também a fechará para mim".

Todo novo encontro humano exige um ato de fé, de confiança em que o outro não irá fazer o mal, que suas intenções são boas e honrosas, para que a relação possa prosseguir e se desenvolver. Como absolutamente não podemos conhecer os obscuros e intricados movimentos da alma de outro ser humano em nossos encontros iniciais, uma reação positiva depende basicamente da constelação de forças arquetípicas positivas. (Stein, 1978, p. 96)

Diferentemente das relações marcadas pelas constelações de forças arquetípicas positivas, as relações narcísicas se pautam em fantasias e atitudes de domínio e exploração dos outros, que se apresentam com várias roupagens, disfarçando o medo da intimidade e da entrega. As formas de domínio, exploração e controle vão de sutis insinuações de que o outro não é tão competente e por isso precisa ser "cuidado" a atitudes mais violentas – caso de proibições e ameaças que levam o outro a inibir seu potencial, como forma de autodefesa e também de controlar a própria agressividade.

As queixas dos casais revelam que as pequenas desatenções acumuladas e as frustrações decorrentes de exigências formuladas a partir de expectativas implícitas ou inconscientes, com respeito a vida diária, trabalho, lazer, filhos, sexo, dinheiro, família de origem, expectativas quanto ao futuro etc., vão se constituindo em campos de disputas no vínculo e se transformam em barreiras sólidas contra o amor.

O amor pode ser sentido e expressado de inúmeras formas, pode incluir sentimentos paradoxais de raiva e ternura, mas para se construir um relacionamento íntimo precisa haver o reconhecimento da interdependência entre os cônjuges – a reciprocidade baseada na confiança mútua, e não o domínio de uma pessoa sobre a outra. Segundo Schwartz-Salant (1988, p. 42), "sem Eros, a alma está perdida e o indivíduo se reduz aos impulsos de poder que dominam o ego e criam a ilusão de controle".

No conto "O casal silencioso", os cônjuges se especializam em neutralizar o domínio do outro buscando ter mais poder na relação, sem levar em conta as perdas afetivas e emocionais do processo. Na tentativa de ganhar poder, o casal empobrece na sua intimidade, como constatamos em muitos relacionamentos.

A dinâmica narcisista, quando presente no vínculo, leva os cônjuges a lutar para ter mais controle e valor, cada um movido inconscientemente pelo medo de ser engolido, desvalorizado ou descartado. Torna-se difícil a sobrevivência psicológica de um casal que valoriza exageradamente a autoimagem, a força, o poder, a competição, o sucesso e o *status* em detrimento da qualidade do relacionamento afetivo, da realização pessoal e do bem-estar psíquico (Benedito, 2015).

As primeiras sessões com o casal nos dão ideia da magnitude desse medo. Essa medida deve nos guiar para lidar com os complexos por meio de manejos na terapia que garantam dois aspectos: ao mesmo tempo que o casal precisa se sentir cuidado, também precisa ser colocado em posições que o levem a olhar para o conflito com menos defesas, sendo estimulados a enxergar a si e ao outro por lentes diferentes da própria. Não falamos em soluções, e sim na busca de mais referências relacionadas aos conflitos, para então considerá-los de vários pontos de vista: da história do relacionamento, das cláusulas explícitas, implícitas e inconscientes do contrato que cada parceiro trouxe para o relacionamento, dos complexos familiares que geram legados e lemas que paralisam o casal, das projeções sobre os filhos etc.

Os grandes nós das relações se constroem com pequenos nós, pequenos desafetos, pequenas desatenções, pequenas ofensas, que se entrelaçam e se reforçam mutuamente, criando muitas vezes barreiras intransponíveis. Assim, a terapia de casal pode ter como metáfora o afrouxamento gradual dos nós mais periféricos, para criar um campo de trabalho terapêutico de confiança crescente, no qual o casal venha a responder às demandas emocionais de maior profundidade com relação ao seu processo de individuação e ao vínculo que possui.

Se a dor psíquica transferida para o vínculo amoroso se fez numa relação de amor primário, ela poderá se desfazer também dentro de outro vínculo de amor, devendo os parceiros ser ativos na dissolução dos complexos que os uniram. O que o inconsciente juntou e amarrou a consciência pode separar, desamarrar, para (re)unir de outra forma.

REFERÊNCIAS

BENEDITO, Vanda Lucia Di Yorio. "Abordagem simbólica do conflito conjugal: o corpo em cena". In: VITALE, Maria Amália Faller (org.). *Laços amorosos – Terapia de casal e psicodrama*. São Paulo: Ágora, 2004.

_____ (org.). *Terapia de casal e de família na clínica junguiana – Teoria e prática*. São Paulo: Summus, 2015.

BENNETT, William J. "O casal silencioso". In: *O livro das virtudes*. Rio de Janeiro: Nova Fronteira, 1995.

GUGGENBUHL-CRAIG, Adolf. *O casamento está morto. Viva o casamento!* São Paulo: Símbolo, 1980.

JUNG, Carl Gustav. *Tipos psicológicos*. Rio de Janeiro: Zahar, 1976 [1921].

_____. *Estudos sobre psicologia analítica*. Petrópolis: Vozes, 1981 [1934]. (Obra Completa, v. 7.)

_____. *A dinâmica do inconsciente*. Petrópolis: Vozes, 1984 [1952]. (Obra Completa, v. 8.)

_____. *Mysterium coniunctionis*. Petrópolis: Vozes, 1985 [1956]. (Obra Completa, v. 14/1.)

_____. *O desenvolvimento da personalidade*. Petrópolis: Vozes, 1986a [1925]. (Obra Completa, v. 17.)

_____. *Símbolos da transformação*. Petrópolis: Vozes, 1986b [1912]. (Obra Completa, v. 5.)

SCHWARTZ-SALANT, Nathan. *Narcisismo e a transformação do caráter*. São Paulo: Cultrix, 1988.

STEIN, Robert. *Amor e incesto humano*. São Paulo: Símbolo, 1978.

VON FRANZ, Marie-Louise. *O significado psicológico dos motivos de redenção nos contos de fadas*. São Paulo: Cultrix, 1980.

YOUNG-EISENDRAHT, Polly. *Bruxas e heróis – Uma abordagem feminista na terapia junguiana de casais*. São Paulo: Summus, 1995.

2
Internet: apenas mais uma esquina da vida?

Cláudia Nejme
Deusa Rita Tardelli Robles

A tecnologia modificou o nosso cotidiano. O acesso facilitado a computadores e *smartphones* transformou também o comportamento humano. Assim, de que maneira afetou os relacionamentos amorosos e o encontro entre as pessoas?

Em um passado não muito remoto, a comunicação era feita por telefone. Com tarifas caras, foi um grande avanço em relação à forma mais comum que o antecedeu, a carta: esta podia demorar meses para alcançar o destinatário, o que gerava um misto de ansiedade e expectativa, mas também felicidade quando de sua chegada.

Houve ainda outros meios, como telex e fax. E, há poucas décadas, a internet trouxe uma grande inovação: o e-mail. Com ele, voltamos à forma escrita, porém mais veloz. E, como velocidade é a grande questão do nosso século, do e-mail aos meios de comunicação de nossos dias as distâncias diminuíram ainda mais, com a possibilidade de ligações por vídeo entre duas ou mais pessoas de forma bastante acessível e simples.

Hoje, o espaço virtual está tão ligado ao nosso cotidiano que seria estranho imaginar as relações não se realizando de alguma forma. Rosa Maria Farah (2009, p. 77) se refere ao ciberespaço como esse novo "campo" onde as relações se manifestam na virtualidade, levando consigo afetos, fantasias, conflitos, "processos psicológicos de caráter mais ou menos consciente, em formas explícitas ou projetivas".

Canais em que as pessoas utilizam a imagem virtual possibilitam interações sentidas como muito próximas do presencial. Inclusive, a "presença virtual" foi uma forma muito frequente de "driblar" a solidão durante a pandemia do coronavírus, surgida no nosso país em fevereiro de 2020. Nessas mídias, as pessoas interagem de forma espontânea, e muitas vezes até mesmo impensada, sem a mediação da escrita, em que se revê e aprimora o texto antes de enviar a mensagem.

Assim como o e-mail resgatou a comunicação escrita, as salas de bate-papo (chats) trouxeram de volta a espontaneidade das conversas. Ali, os próprios usuários escolhiam com quem aprofundar a interlocução. Era de esperar, portanto, que toda essa mudança e velocidade atingisse também os relacionamentos amorosos. Surgiram, então, os sites de namoro, substituindo anúncios classificados em jornais e agências matrimoniais para o encontro do "par perfeito".

Atualmente, os aplicativos de relacionamento substituíram em grande parte esses meios de comunicação e, muitas vezes, até o "bailinho", o barzinho ou a balada onde havia gente nova. Para que sair de casa se você pode ter um cardápio de pessoas na palma da sua mão, sem precisar lavar o cabelo, ao mesmo tempo que assiste a uma série na Netflix e ainda pode enviar sua foto para que um(a) amigo(a) opine e quem sabe até dê um pequeno retoque para que pareça mais magro(a) ou mais jovem? São inumeráveis as possibilidades. Quem hoje não conhece um casal que se formou em um desses aplicativos?

As pessoas escolhem suas melhores imagens para chamar a atenção, selecionando fotos que expressem quem são e o que querem mostrar. Escolhe-se quem "curtir" e quem descartar. Quando a curtida acontece dos dois lados, dá-se o *match* (combinou!), que abre a possibilidade de conversa. Assim, a autodescrição é secundária; ela pode ocorrer quando o *match* acontecer e a conversa começar, o que deixa o encontro virtual menos frio. A partir de então, uma lista de pessoas, baseada nas preferências de gênero, orientação sexual, idade e localização fica à disposição. Pronto! Começa ali uma nova história, não se sabe com que duração.

O roteiro é o mesmo das festas: escolhia-se a melhor roupa, dançava-se com diversos parceiros até encontrar aquele com quem parecia valer a pena aprofundar a conversa ou, ainda mais íntimo, trocar telefones.

Na atualidade, as opções de aplicativos de encontros são democráticas: desde que tenham acesso a um *smartphone*, pessoas de todas as idades e de diferentes níveis sociais, orientações sexuais e meios culturais podem buscar seus pares. Muitos brasileiros com acesso à internet fazem uso desse tipo de ferramenta e relatam ter encontrado seus parceiros dessa forma, sendo o tema cada vez mais constante em consultórios de psicologia.

A partir do exposto acima, a internet seria apenas mais uma esquina onde as pessoas se esbarram e se conhecem? Existe preconceito em admitir que se utilizou de um aplicativo na busca de um par desejado? O desejo de viver uma dinâmica relacional não é uma busca humana que pode ocorrer, independentemente da forma como se faz a procura?

É o que este texto se propõe a pensar.

Nos dias de hoje, em que a jornada de trabalho e as demandas domésticas ocupam quase todo o tempo do indivíduo, a internet veio para ajudar homens e mulheres a conversar sem sair de casa, para então decidir se vale a pena ir pessoalmente a um encontro. Cada um pode se relacionar com uma ou mais pessoas, dependendo apenas de sua paciência, disponibilidade e perseverança para encontrar o par satisfatório. Em vez de ir a muitas "baladas", passa-se a ter inúmeros primeiros encontros.

Assim, aplicativos de relacionamento não são, em si, bons nem maus. Depende da forma como o próprio usuário se relaciona consigo mesmo e com o outro no uso dessa ferramenta. É possível que ocorram ou não encontros duradouros, porém aprendizados podem ser adquiridos nesse processo de busca, como exemplificam os casos a seguir.

DOIS CASOS CLÍNICOS

Mulher, heterossexual, 30 anos. Nunca havia namorado – e nem mesmo trocado beijos. Dedicava-se à profissão, além de ter pai superprotetor e mãe invasiva, contra quem não ousava se rebelar. Tinha poucas amizades e sempre que viajava era com a mãe, tida como sua melhor amiga. O trabalho terapêutico foi desvelar e elaborar a simbiose que havia entre elas. O tempo passava e suas possibilidades sociais continuavam pobres, enquanto a ansiedade por conhecer alguém aumentava. Uma prima sugeriu que entrasse em um aplicativo de encontros. Assim o fez. Conheceu um mundo novo. Foi se impondo como mulher e se fortalecendo para lidar com as decepções intrínsecas ao contexto. A cada situação, a menina ia se esvaindo e nascia a mulher. Enfrentou vários momentos difíceis, mas foi aprendendo a lidar com a vida. Saiu da superproteção e decidiu morar sozinha. Resolveu aventurar-se a um encontro por mês. Aos poucos, passou a descobrir seus desejos e limites. Num desses encontros, conheceu um rapaz por quem se encantou. Dois anos depois, estavam casados.

Homem, heterossexual, 21 anos. Desejava um relacionamento mais sério e procurava conhecer mulheres por meio do aplicativo. Saía para um primeiro encontro presencial e em seguida se desencantava. Ao longo do processo terapêutico, conta ter percebido que, inconscientemente, sabotava a si mesmo cancelando os encontros seguintes. Percebeu estar "viciado em primeiros encontros", uma vez que ali podia ser "quem quisesse" e descobrir as muitas versões de si mesmo. Porém, continuava sem desenvolver intimidade com nenhuma mulher que conhecia. O aplicativo não criou esse comportamento e nem mesmo fez que viesse à tona; foi apenas um canal de expressão de suas dificuldades, o que teria ocorrido, talvez de outra forma, em outro momento. Com essa percepção, o paciente deu um passo em seu processo de individuação.

Os aplicativos ampliam o círculo social, aumentando as possibilidades de encontro, sendo ótima ferramenta para indivíduos tímidos ou com dificuldade de iniciar encontros.

Em geral, nas primeiras conversas via aplicativo, deixam-se claros os pontos mais importantes para ambos. É comum que pessoas "descartem" umas às outras por diferentes motivos, seja opção religiosa, posição política, falta de "química" ou até mesmo tom de voz.

Antes do primeiro encontro presencial, há quem prefira conhecer um pouco mais do outro. Trocar redes sociais é uma opção que não garante a segurança do encontro, mas pode ajudar na caracterização do candidato.

Por vezes, a internet é entendida apenas como mais uma esquina de encontro, mas os aplicativos não podem substituir o contato presencial. Os cinco sentidos não são contemplados na virtualidade. Um dos sentidos mais primitivos é o olfato. Hoje, estudam-se substâncias biologicamente ativas, como os feromônios[1], que são responsáveis, entre outras funções, pela atração sexual. Assim, o olfato desempenha um importante papel na aproximação ou na repulsa entre duas pessoas. Porém, sabemos que no jogo de sedução o olhar, o gestual e as palavras também colaboram com a química amorosa, produzindo inclusive a ocitocina, substância conhecida como "hormônio do amor".

Apesar disso, novas experiências têm se dado no comportamento de homens e mulheres. O sexo virtual já faz parte de vários relatos na clínica psicológica. Nessa modalidade, os parceiros podem usar o teclado, enviar fotos, pequenos filmes, ou até praticar sexo juntos por ligação de vídeo. Diz Farah (2009, p. 92):

---

[1] Feromônios são substâncias químicas secretadas pelo corpo para o envio de sinais de acasalamento, comunicações sobre o desejo sexual ou alertas. Não exalam cheiro e são percebidos pelo órgão vomeronasal, auxiliar do olfato.

[...] o internauta manifesta sua subjetividade por meio de um corpo virtualmente onírico, idealizado ou modelado segundo parâmetros ditados pelas fantasias às quais seu inconsciente recorre para se expressar no ciberespaço. Em suma: um corpo simbólico.

Essas fantasias sexuais são tecladas ou verbalizadas. Tecnicamente falando, o prazer no sexo virtual não deixa de ser muito próximo ao da masturbação, com apenas um dos corpos envolvido presencialmente, porém com estímulos não presenciais do parceiro. Pode contentar de modo pleno a *voyeurs* e exibicionistas. Alguns dos implicados dizem não se sentir tão sozinhos, enquanto outros relatam sentir uma solidão ainda maior, passada a euforia do encontro virtual. O nível de satisfação sexual depende de diversos e complexos fatores, inclusive do envolvimento emocional preexistente entre os pares, não divergindo muito, neste sentido, do sexo presencial.

A FORÇA DE REALIDADE DOS RELACIONAMENTOS VIRTUAIS

Segundo o dicionário *Michaelis*, o termo "virtual" remete a algo existente como possibilidade, sem efeito real; que tem capacidade de existir; predeterminado a ser realizado.

As experiências virtuais nas relações amorosas são descritas como reais ainda que não sejam concretizadas. As pessoas sofrem, têm prazer, se envolvem, se decepcionam, geram expectativas, se frustram, traem...

Desse modo, com a facilidade de encontrar pessoas sem tantos riscos, a traição virtual tornou-se uma realidade. É um tema que divide opiniões. Para muitos, a quebra de lealdade não distingue o virtual do real; para outros, não havendo encontros nem ato sexual presenciais, não pode ser caracterizado como traição. Cada casal tem suas regras, porém a traição virtual passou a ser uma questão abordada nos consultórios de psicologia.

O que acontece é que nos aplicativos de encontro virtual existe um mundo de oportunidades. O que talvez diferencie a leitura da situação é a intenção do envolvido. Pode ser um ponto de encontro de pessoas com os mesmos interesses (namoro, relacionamento sério ou encontros casuais), mas também pode fazer que muitas pessoas não se comprometam, não empreendam quase nenhum investimento. Se não gostarem de alguma coisa no primeiro encontro – ou até antes dele –, podem descartar o outro facilmente, sem responsabilidade afetiva, sem necessidade da coragem de explicar seus motivos olho no olho. Basta teclar "delete" e, no minuto seguinte, já estão à procura de outro indivíduo. É um mundo de oportunidades e, ao mesmo tempo, poucas possibilidades de se desenvolverem relações mais profundas.

A facilidade de fazer tudo pela internet, de reuniões de trabalho e compras a encontrar um parceiro, pode fazer que o indivíduo se acomode em esconder-se atrás de uma tela ou até desenvolva uma expectativa obsessiva por perfeição, nele mesmo e/ou no outro. Dá-se um isolamento social, no qual a internet pode ser usada como subterfúgio das dificuldades de interação no mundo concreto e a sombra fica escondida e cada vez mais apartada da consciência.

A *persona*, como arquétipo que possibilita ser o melhor personagem para aquele momento, fornece a condição narcísica que atinge a personalidade, satisfazendo-se não daquilo que vive, mas sim daquilo que tem e que prazerosamente exibe. Assim, a vida virtual fascina, confere o poder de se apresentar com uma identidade produzida, na ilusão de uma *persona* criada.

E, quando as interações eletrônicas parecem complicar-se, é só deletar virtualmente o interlocutor que instantaneamente ele deixa de existir. Vira-se, então, outra esquina em busca de novos encontros...

No livro *Amor líquido* (2004, p. 12), Zygmunt Bauman diz:

> Mas uma "conexão indesejável" é um paradoxo. As conexões podem ser rompidas, e o são, muito antes que se comece a detestá-las. Elas são "relações virtuais". Ao contrário dos relacionamentos antiquados [...], elas parecem feitas sob medida para o líquido cenário da vida moderna, em que se espera e se deseja que as "possibilidades românticas" (e não apenas românticas) surjam e desapareçam numa velocidade crescente e em volume cada vez maior, aniquilando-se mutuamente e tentando impor aos gritos a promessa de "ser a mais satisfatória e a mais completa". Diferentemente dos "relacionamentos reais", é fácil entrar e sair dos "relacionamentos virtuais". Em comparação com a "coisa autêntica", pesada, lenta e confusa, eles parecem inteligentes e limpos, fáceis de usar, compreender e manusear.

Algumas pesquisas apontam sofrimentos psíquicos, como depressão, baixa autoestima e transtornos com relação ao corpo, provocados por ansiedade e competição estimuladas em mídias sociais. Esse tipo de exposição acaba sendo gatilho para diversos sentimentos de menos-valia, uma vez que apenas momentos de felicidade são postados, enquanto a dura realidade da vida continua rotineira e, por vezes, frustrante. Uma vida real desinteressante para ser postada e a falta de pertencimento podem levar à ideia de não sermos tão afortunados por nossas escolhas de vida.

O sentimento de inferioridade impede a reflexão de que é frequente sustentar na internet a imagem que gostaríamos de ter na vida real. Revelam-se apenas aspectos agradáveis da *persona*, como uma máscara do profissional bem-sucedido, da pessoa com disposição para malhar todos os dias, se divertir e se encontrar com muitos e radiantes amigos em todas as baladas da cidade. Como não levar esses sentimentos todos para o relacionamento, uma vez que o outro é bem melhor que o parceiro ao lado?

Parodiando a letra da música intitulada "Vamos fazer um filme", de Renato Russo, podemos nos perguntar: "E hoje em dia, como é que se diz eu te amo?". Via de regra, com as pessoas envolvidas, cada uma em seu computador, imaginando o par perfeito para si; tendo intimidade pelo computador, muitas vezes até com exagerada exibição, mas com pouco contato com quem está do outro lado da tela. A relação é com um outro ou com um "consigo mesmo" desconhecido e ao mesmo tempo desejado? E onde ficam a expectativa dos novos começos e o sofrimento dos términos, se tudo corre sem maior envolvimento?

Afinal, o denominador comum entre as pessoas é a busca de alguém com quem se possa ter uma relação afetiva de proximidade. Para Jung (2008, p. 26, §24-25), a busca desse "encontro" é arquetípica:

> O fator determinante das projeções é a *anima*, isto é, o inconsciente representado pela *anima*. Onde quer que se manifeste: nos

sonhos, nas visões e fantasias, ela aparece personificada, mostrando deste modo que o fator subjacente a ela possui todas as qualidades características de um ser feminino [...] do mesmo modo que o homem é compensado pelo feminino, assim também a mulher o é pelo masculino.

Ao mesmo tempo, é igualmente natural não querer o sofrimento que a intimidade traz. Porém, não existe tomada de consciência sem dor.

Além disso, essa proximidade nos faz esbarrar em nossos complexos. Quando deparamos com os elementos inconscientes que ativam nossas emoções, independentemente da vontade do nosso ego, estamos diante de um complexo, e as relações íntimas, querendo ou não, farão que alguns deles emerjam. E, em encontros online, teremos relações de intimidade afetiva?

Quando convivemos com um outro diferente de nós, nossa sombra, que segundo Jung contém nossos conteúdos reprimidos, negados ou simplesmente desconhecidos, vai sendo revelada através de nossas projeções. Projetamos no outro aquilo que desconhecemos em nós. Quando projeto algo, passo a vê-lo como sendo do outro. Em geral, durante uma discussão, desnudamos aspectos nossos, negados ou simplesmente desconhecidos. E, assim, as relações funcionais, ou criativas, podem ir abrindo (num *continuum*) portas e caminhos para nosso processo de individuação.

Nossa sombra é um elemento do nosso psiquismo, ainda que inconsciente. Mas as relações afetivas trazem sempre projeções de *anima/animus* e aqui a questão se complica, uma vez que esse arquétipo fala de nossa idealização por um outro, segundo Jung, de sexo oposto ao nosso, tendo como fundantes nossas primeiras figuras de afeto (pai, mãe ou cuidadores).

Os neojunguianos consideram que cada um de nós é portador tanto da *anima* quanto do *animus*, arquétipos que trazem em si a experiência do outro diferente, de uma possível alteridade, tanto intrapsiquicamente quanto nas relações vividas.

De qualquer forma, quando apaixonados, somos "tomados" pelo arquétipo da *anima/animus*, projetando essa nossa imagem arquetípica no outro e revestindo-o de nossas mais profundas "fantasias" de ser completo e idealizado e, portanto, perfeito. Isso ocorre na paixão, a tal química do amor, que costuma durar de um a três anos, quando então ou a relação termina juntamente com a paixão ou se estende para uma relação de amor, na qual vemos o outro como ele é e o apreciamos por não ser simplesmente nossas projeções, construindo com ele um processo dialético que poderá nos levar à transformação.

Assim, fica claro que a internet pode ser fonte de criatividade ou de estagnação. Fonte de possibilidades para que encontremos uma figura com quem possamos compartilhar a vida e seguir num caminho de individuação ou para que nos mantenhamos numa zona de conforto estável, porém sempre calouros diante das possibilidades da vida.

"O PAR PERFEITO": QUANDO A PROJEÇÃO ENCONTRA UM LUGAR PARA SE ETERNIZAR

No Japão, um rapaz de 35 anos casou-se com um holograma. A noiva é uma cantora de 16 anos, com longos cabelos azuis, em realidade virtual. Ele diz pensar nela o dia todo, considerando-se um homem casado comum. Miku, a noiva, o acorda todas as manhãs e despede-se dele ao sair para o trabalho. À noite, ela acende as luzes de sua casa e o aguarda (Moreira, 2018).

A projeção, em si, não é nem boa nem má. Ela ocorre quando o conteúdo, que já está na psique, encontra a pessoa e a situação perfeitas para assumi-la. Enxergá-la e resgatá-la é o que faz evoluir. No caso desse rapaz, o confronto com a realidade não ocorre; é uma via de mão única.

Também na internet é possível vivenciarmos situações de fuga ou de transformação, dependendo da maneira como lidamos com o outro representado internamente em nossa psique e com o outro real, numa relação de mão dupla.

Segundo Alvarenga (2017), a emergência anímica traz deslumbramento e fascinação; nela, a dedicação ao outro é exclusiva, transcendendo o dever pelo ser. Isso possibilita a saída do arquétipo patriarcal em direção à dinâmica da alteridade, quando o herói amante atua pela paixão, sendo a fidelidade de uma reciprocidade que leva a conjugar-se com um outro em si mesmo, numa *coniunctio* simbólica.

A estrutura anímica se dá pelo encontro do eu com o outro, do Logos com Sophia, dos diferentes, dos opostos, representando a inteireza do casamento interior de si com o si mesmo. É na relação com o outro, o diferente, que somos impelidos à transcendência e ao autoconhecimento, e isso não se dá sem dor e grande demanda de sacrifícios.

Casar-se com um holograma, ter infindáveis primeiros encontros em que não é necessário suprimir sua pessoa perfeita e interessante – ou até mesmo descartar as relações sentidas como ameaças à sua intimidade – interrompe o fluxo da libido, ressecando a paixão e levando ao esvaziamento da relação.

Em *Ela*, filme lançado nos Estados Unidos em 2013, Theodore, escritor recém-divorciado e ainda elaborando sua perda, estabelece uma relação afetiva com um sistema operacional autodenominado Samantha, semelhante à Siri da Apple, que tem uma voz agradável e personalidade marcante. Ele a desenvolve de acordo com suas preferências e por ela se apaixona.

Será que o que parecia ficção não está bem próximo de uma realidade, com vivências de relacionamentos que duram no mundo virtual, mas esmorecem aos primeiros encontros, quando então grande parte das projeções de *anima* e *animus*, numa criatura real, é recolhida?

No filme, Samantha continua sendo virtual e, assim, a paixão dele por ela só cresce, pois prescinde de frustração. É uma relação contemporânea entre um homem e a tecnologia.

Mas *Ela* vai além dos primeiros encontros, desenvolvendo a convivência diária dos protagonistas, inclusive com relação sexual entre eles, tema presente também nas relações tecnológicas atuais, onde muitos casamentos formais se engasgam com o problema da traição virtual.

O mais interessante do filme é que Samantha aponta os complexos de Theodore e o próprio sistema operacional passa a se desenvolver de forma bastante rápida, tornando-se uma única alma com o mundo e abandonando Theodore à sua antiga solidão.

Quando o personagem principal se vê abandonado e com suas projeções já apontadas pela assistente virtual, sofre e acaba buscando amparo em uma amiga real, com quem já havia tido um *affair* no colégio. Ao se deprimir, ele se desenvolve e cresce, seguindo seu processo de individuação. Isso denota que, a partir de então, talvez seja possível conviver com uma pessoa real, com suas potências, defeitos e fragilidades.

O filme mostra que, para o personagem, o sistema operacional é visto como um ideal a ser alcançado; um modelo de perfeição, paz e segurança. E não é o que, na maioria das vezes, se busca nas relações virtuais? A lógica do aqui e agora atravessa o desenrolar do filme, de maneira não muito distante de nossa busca real.

O personagem de Theodore pode ser identificado com qualquer homem real, enquanto o personagem de Samantha, de forma inteligente e criativa, vai nos fazendo crer que uma relação afetiva pode prescindir de corporeidade. Sabemos que isso não é possível, mas tem sido amplamente buscado nos dias atuais, seja para um relacionamento idealizado, seja nas relações eróticas online.

CONSIDERAÇÕES FINAIS

Diante disso, se o inconsciente coletivo se atualiza a cada minuto vivido, e se o que vivemos não é o arquétipo em si, mas uma imagem arquetípica, como a tecnologia influencia a imagem arquetípica de *anima* e *animus*?

Continuamos procurando um outro idealizado, buscando condizer com o que acreditamos ser sua expectativa. Continuamos nos confrontando ou deparando – querendo ou não – com nossos complexos, sendo denunciados por nossa sombra, projetando imagens de *anima* e *animus* e fugindo da dor.

Não há mais o "bailinho de garagem" em que dançávamos de rosto colado, mas a mesma emoção nos alcança diante de um *match*. O coração acelera e a alegria nos invade. A diferença talvez esteja no grande estoque e variedade disponíveis nesse "mercado" de parcerias, no qual a ideia de descarte parece facilitada, pois "a fila anda".

Mas, em algum momento, vamos sofrer. De algum jeito a conta chega, e somos obrigados a lidar com a frustração de termos sido rejeitados, ou de termos tentado incansavelmente substituir um pelo outro. O vazio vem, e junto com ele podemos – como sempre – escolher entre culpar o mundo e a todos ou olhar para nós mesmos e ir ao encontro da nossa alma, rumo à difícil tarefa de interiorização e vivenciando uma *coniunctio* conosco. É no cultivo da alma que crescemos.

Assim, se nosso parceiro vem do círculo de amizades que temos ou de aplicativos, talvez não seja tão importante. A diferença está em nossa possibilidade de manter um relacionamento que permita expressar a integridade do ser, com os sacrifícios e dores necessários. Nesse caso, a internet pode se resumir a um local de encontros, mas é no aprender a deixar morrer para transformar as inúmeras dores da alma que crescemos e seguimos em nosso processo de individuação, sendo íntegros conosco e com nossos pares, na busca não da paixão efêmera, mas do amor, tenha sido ele encontrado no barzinho da esquina ou na internet.

Afinal, "o amor é como Deus: ambos só se revelam aos seus mais bravos cavaleiros" (Jung, 2007, p. 108, §232).

REFERÊNCIAS

ALVARENGA, Maria Zelia de. *Anima-animus de todos os tempos*. São Paulo: Escuta, 2017.
BAUMAN, Zygmunt. *Amor líquido – Sobre a fragilidade dos laços humanos*. São Paulo: Zahar, 2004.
ELA. Direção: Spike Jonze. EUA: Annapuma Pictures, 2013.

FARAH, Rosa Maria. *Ciberespaço e seus navegantes – Novas vias de expressão de antigos conflitos humanos*. Dissertação (mestrado em Psicologia). São Paulo: PUC-SP, 2009.

JUNG, Carl Gustav. *Estudos sobre o simbolismo do si-mesmo*. 7. ed. Petrópolis: Vozes, 2008. (Obra Completa, v. 9/2.)

_____. *Civilização em transição*. 3. ed. Petrópolis: Vozes, 2007. (Obra Completa, v. 10/3.)

MOREIRA, Fernando. "Japonês se casa com um holograma de '16 anos'". *Extra*, 12 nov. 2018. Disponível em: <https://extra.globo.com/noticias/page-not-found/japones-se-casa-com-um-holograma-de-16-anos-23228564.html>. Acesso em: 26 jul. 2020.

3
Sexo na conjugalidade: renascimento e transformação no século 21

Liriam Jeanette Estephano

> Como analista junguiano, minha vocação diária
> é a de ler superfícies – o que dizemos, o que não
> dizemos, o que o corpo diz, o que os padrões
> de comportamento atestam [...]. Às vezes é um
> trabalho estranho, [...] cercado de uma mistura
> curiosa de mistério, terror e maravilhamento.
> (HOLLIS, 2005, p. 132-33)

Quando o assunto é sexo, Hollis (2005) consegue descrever muito bem como me sinto ao ouvir as queixas dos casais que atendo. O descontentamento relacionado à sexualidade tem aumentado consideravelmente em minha clínica, embora eu não seja especialista em distúrbios sexuais.

Neste texto falo sobre casais heterossexuais, na faixa etária entre 30 e 65 anos, casados formalmente ou não. O que mais me intriga é que, na maioria, esses casais descrevem-se com amorosidade, como cúmplices, ótimos amigos e, mesmo assim, a atração sexual deixou de existir.

Como arqueóloga da alma humana, fui atrás de pistas que me mostrassem um novo caminho. Saí da superfície e mergulhei fundo nos mistérios da sexualidade. Lembrei-me de um documentário de 2008 que vi no YouTube, chamado *Sex* [Sexo], do qual segue um breve resumo:

Há 700 milhões de anos, a vida marinha era feita de criaturas unicelulares, sendo a reprodução assexuada. A reprodução sexuada surgiu há 600 milhões de anos, mas nada tinha que ver com o que entendemos por sexo hoje. A sexualidade era meramente uma questão de sobrevivência.

Com a evolução, o sexo passou a ter uma nova função: ajudar a comunidade a criar vínculos. A partir desse momento, o sexo tornou-se mais requintado: deixou de ter somente a função primária de reprodução pura e simples e se transformou num mecanismo de troca muito poderoso.

Os humanos, por sua vez, acrescentaram mais um traço a essa evolução, o mistério do amor, a evolução para o amor romântico. Há 2 milhões de anos, o córtex cerebral começou a se desenvolver e, então, mente e sexo tornaram-se interligados. A partir desse momento, os humanos mudaram o entendimento do sexo para sempre.

No mundo atual, conseguimos separar sexo do amor e da reprodução – por exemplo, no processo da fertilização *in vitro*, da engenharia genética, da reprodução planejada.

Depois de assistir ao documentário, pensei: qual será o próximo passo na evolução do sexo? O "mistério do amor" continua a ter o mesmo significado em pleno século 21? Deveríamos continuar a entender sexo/sexualidade da mesma maneira? Afinal, tudo no mundo mudou, exceto nossa compreensão desse tema?

Continuei minha pesquisa pelos caminhos misteriosos e intrigantes do significado da sexualidade no mundo moderno. Li livros, assisti a filmes, conversei com pessoas sobre o assunto e, acima de tudo, concentrei-me nas queixas que meus pacientes traziam sobre a sexualidade na conjugalidade. Ao reler *Memórias, sonhos e reflexões*, de Jung (1986), no capítulo "Sigmund Freud" deparei com o seguinte: "Meu caro Jung, prometa-me nunca abandonar a teoria sexual. É o que importa, essencialmente! Olhe, devemos fazer dela um dogma, um baluarte inabalável" (p. 136).

Mais adiante, no mesmo capítulo, Jung diz o seguinte:

[...] Como chamas que subitamente se avivassem, essas ideias brilharam em meu espírito. Muito mais tarde, ao refletir sobre o caráter de Freud, elas adquiriram importância para mim e revelaram todo o seu significado [...] Certamente, para Freud, a sexualidade era numinosa, mas em sua terminologia, em sua teoria a considerava exclusivamente como função biológica [...] Em suma: ele queria ensinar – pelo menos é o que me pareceu – que, considerada subjetivamente, a sexualidade engloba também a espiritualidade, ou possui uma significação intrínseca. (*ibidem*, p. 137-38)

O comentário de Freud e as considerações de Jung me incentivaram ainda mais a continuar minha jornada em busca do significado da sexualidade nos tempos atuais.

Pesquisei sobre as diferenças biológicas entre os sexos e as alterações fisiológicas que ocorrem nas várias etapas do desenvolvimento humano – como as alterações hormonais (testosterona, progesterona etc.) –, além de estudar mais a fundo as diferenças psicológicas entre homens e mulheres.

Outro aspecto por mim pesquisado foi a interferência do estresse no mundo moderno e suas consequências nas respostas sexuais.

Todos esses caminhos cientificamente embasados e comprovados e, sem sombra de dúvida, verdadeiros e pertinentes, não me foram suficientes para chegar a uma conclusão sobre o que eu vivenciava em meus atendimentos com casais. Ainda sentia uma lacuna. Pareciam faltar algumas peças nesse quebra-cabeça, mas que peças seriam essas? Qual seria o significado simbólico das queixas sobre a falta de sexo em pleno século 21?

Agarro-me mais do que nunca ao que o mestre Jung diz sobre símbolo: "Um símbolo sempre pressupõe que a expressão escolhida seja a melhor descrição ou formulação possível de um fato relativamente desconhecido, que, não obstante, se sabe existir ou se postula como existente [...]" (Jung, CW 6, §814). Ou ainda: "O verdadeiro símbolo [...] deveria ser compreendido como uma ideia intuitiva que ainda não pode ser formulada de outra forma, ou de uma melhor forma (Jung, CW 15, §105).

Como entender simbolicamente o sexo na era do bebê de proveta, da engenharia genética, do computador em 4D, quando se pode visualizar o que se passa dentro do útero enquanto a gestação se desenvolve? Podemos escolher por meio dos genes o sexo do nosso futuro bebê ou as características que serão importantes para nosso futuro rebento.

Será que com todo esse avanço, o que entendemos sobre o significado do sexo não mudou? Parou no tempo? Será que as explicações e justificativas que temos até o momento são suficientes para esclarecer as queixas?

Parece que a vivência do sexo mudou, mas não nossa maneira de considerá-lo. Pensar simbolicamente no tema me pareceu ser uma dessas peças que faltavam em meu quebra-cabeça. Essa forma de análise me deu força para continuar viajando por um mundo delicado, intrigante, misterioso e perigoso.

Devo frisar que não tenho a menor pretensão de dar uma resposta final e certeira; o que pretendo é ter a chance de adentrar novos caminhos, pensando que talvez a sexualidade esteja a serviço de outro salto no desenvolvimento da humanidade – mesmo sem ter a menor ideia de se esse salto me levará a um novo mundo ou se no final cairei no mesmo terreno.

O DESEJO SEXUAL E O PROCESSO DE INDIVIDUAÇÃO

O documentário a que me referi no início deste texto termina declarando que os humanos mudaram o sexo para sempre: hoje separamos sexo do amor. Afinal, temos o processo da fertilização in vitro, a engenharia genética, a pílula anticoncepcional.

Se eu pudesse ter uma visão futurista, qual seria a continuação do documentário, a "Evolução do sexo parte 2"? Enquanto queimava os miolos pensando nisso, caiu-me às mãos o conto "Amar é um ato de fé":

> Numa praia perdida junto ao mar do Caribe, um índio vivia da pesca. À noite, solitário, olhando para a lua, se perguntava: "Por que não tenho uma mulher como os outros? Quero uma companheira simples e ao mesmo tempo brilhante. Quero-a humana e também deusa. Desejo que na noite escura ilumine o meu caminho".
>
> Para passar o tempo, plantou melancias. Cresceram enormes. Carregou-as no seu burro e foi vendê-las no mercado de uma cidade. Ao

meio-dia chegou um homem moreno acompanhado de uma estranha mulher: apesar de ser jovem, os seus cabelos eram prateados.
O índio exclamou, admirado: "Estranho é o cabelo da sua mulher!"
O moreno lhe respondeu: "Mais estranho é seu coração, porque também é prateado".
O indígena lhe perguntou: "Onde nascem mulheres tão maravilhosas?".
O outro lhe disse: "Numa aldeia de bruxos, atrás das montanhas. Aquele que se casa com uma delas alcança a paz, o amor, a sabedoria, a prosperidade". E não quis dizer mais nada.
O índio disse: "Encontrarei uma mulher assim!".
E, abandonando o seu burro e as suas melancias, seguiu para as montanhas. Escalou, desceu, atravessou vales, florestas, desertos, milhares de aldeias. Procurou durante anos. Cresceu-lhe o cabelo, a barba, cobriu-se de farrapos, adquiriu expressão de louco. Os camponeses riram-se dele. "Ha, ha, procura uma mulher com o coração prateado!" Nunca a encontrou.
Decepcionado, voltou para sua praia para viver nu comendo apenas amêndoas.
Um dia viu uma mulher descer pelo morro. Tinha o cabelo prateado! Quando chegou ao lado dele, disse-lhe: "Mandam-me os bruxos porque deixastes tudo por mim. Eu te pertenço".
"Não acredito que teus cabelos sejam reais: tu os pintastes! E o teu coração deve ser vermelho!"
Bruscamente enfiou-lhe uma faca entre os seios para abrir um sulco e retirar o coração.
Era prateado!
Gritou: "Recuperei a fé! Conseguirei finalmente a paz, o amor, a sabedoria e a prosperidade!"
Mas já era tarde, a mulher estava morta. (Jodorowsky, 2017)

Inspirada pelo conto, dei asas à imaginação e me permiti, quase num movimento catártico, deixar brotarem pensamentos sobre esse encontro com a mulher de cabelos prateados.

Diz Nairo de Souza Vargas (1989, v. 7, p. 102):

[...] O vínculo conjugal é por excelência um vínculo paradoxal. O ser humano necessita do outro para saber quem é que existe e como. O ser totalmente só e isolado perde seus referenciais e enlouquece. Precisamos do outro para saber quem somos. Mas também nascemos para a nossa individuação, nos tornarmos o ser único que somos em potencial. Precisamos ser o que somos, independentemente do outro. Essa realidade paradoxal do ser humano, que se atualiza em qualquer vínculo, é extremamente viva e rica no vínculo conjugal.

Precisamos nos tornar únicos, inteiros, nos distinguirmos do outro. Saber quem somos. Isso faz parte do que Jung chamou de individuação: "O processo pelo qual os seres individuais se formam e se diferenciam; em particular, é o desenvolvimento de um indivíduo psicológico como um ser distinto da psicologia geral e coletiva" (Jung, CW 7, §757).

E mais uma peça se juntou ao meu quebra-cabeça.

A partir do momento em que nos conscientizamos do ser único que somos e enxergamos o outro como outro, saímos de nossa estagnação e seguimos nosso caminho de individuação, buscando o real significado da falta de desejo sexual na conjugalidade, por meio de uma leitura simbólica.

O encontro de um casal é um ato milagroso; afinal, para se encontrarem, cada um teve de ir a um determinado lugar, numa determinada hora, de um determinado dia, de um determinado ano para deparar com determinada pessoa com quem poderá trilhar um caminho, que a princípio será para o resto da vida – caso chegassem cinco minutos antes ou depois, esse encontro não se daria.

Momento mágico, não? E o encontro se faz – como num processo alquímico!

Segundo Jung (1987, §163), "o encontro de duas personalidades é como a mistura de duas substâncias químicas diferentes: no caso de se dar uma reação, ambas se transformam".

Como em todo processo transformador, a jornada é árdua, muitas vezes solitária, dolorosa. A esse encontro o tempo vai adicionando novos ingredientes; o sexo é um deles. Ingrediente que vai se misturando, amalgamando, dando prazer, enlevo, enlouquecimento que culmina muitas vezes numa explosão chamada orgasmo. Um momento único, ato divino, UNO.

Durante a caminhada, ciúmes, dúvidas e espírito de posse surgem, não raro levando cada um a uma desconexão com sua essência. Por vezes ficam fixados em padrões que não fazem mais sentido, mas por temor do desconhecido se agarram a eles como tábua de salvação, e o que a princípio parecia a cura para todo sofrimento transforma-se num veneno amargo, capaz de destruir tão milagroso encontro.

O SEXO COMO UNIÃO ESPIRITUAL

Minha busca de significado simbólico continua. Retomo o documentário e me pergunto: que nova "função" agregaremos ao sexo? Este questionamento permeia meus pensamentos o tempo todo, mas não sei exatamente o que fazer com ele. Até que, num dos atendimentos que fiz com um casal, fico muito mobilizada pelo sofrimento que vivenciam com a falta de conexão sexual e, por intuição[1], lembro-me do conto "Capirote" (o homem-bala), e decido ler para eles:

> Só saio do canhão se a mulher da minha vida vier acender o pavio! — exclamou Capirote, emburrado.
> A companhia inteira estava ao redor do canhão. Já haviam acendido várias vezes o pavio e nada; Capirote se segurava nas paredes do canhão e não havia maneira de fazê-lo sair disparado.
> — Capirote, se você não sair daí, nunca vai encontrar sua metade da laranja — disseram a ele.
> — Tanto faz; eu disse que não vou sair, então não vou sair! — respondeu taxativo. E foi a última coisa que disse.
> Depois de quase um mês com o Capirote lá dentro, madame Amulette, a vidente, resolveu mostrar a ele a "mulher de sua vida" na bola de cristal. Colocou-a na boca do canhão e Capirote ficou de queixo caído ao vê-la: era bela, um anjinho, um querubim, um rouxinol celestial... E, no fim das contas, era Regina, a trapezista, balançando em seu trapézio, do outro lado do cristal transparente da bola.
> Claro, era tudo tão mágico que Capirote acabou se apaixonando por ela. E, olha que, é preciso dizer, ele nunca tinha tido o menor interesse por ela.

Regina (a trapezista)
Regina tinha um problema: vertigem.

---

1 "Na intuição, um conteúdo apresenta-se como um todo e completo, sem que possamos explicá-lo ou descobrir como veio à luz. A intuição é uma espécie de apreensão instintiva, não importa de que conteúdos [...] O conhecimento intuitivo é dotado de certeza e convicção intrínsecas" (Jung, CW 6, §770).

Não vertigem de altura, como muita gente tem, mas vertigem do chão. Por isso, decidiu ser trapezista, para estar sempre rente ao céu, e nunca ter que descer à terra.

Regina via o topo da cabeça do circo e sonhava com uma vida no mesmo nível que eles.

Sonhava poder sussurrar coisas bonitas ao pé do ouvido de alguém, e não precisar estar sempre gritando para ser ouvida.

E, claro, ninguém da companhia se atrevia a subir tão alto.

Ninguém exceto Capirote, o homem-bala, mas ele sempre passava voando a seu lado, com tanta pressa...

Não dava nem um oi.

Nem um simples olhar, nem um triste adeus. E, ainda por cima, aquele tonto estava há um mês entrincheirado dentro do canhão.

Uma noite, enquanto o resto da companhia dormia, ela escutou algo. No começo era um sussurro melódico, quase inaudível, mas depois foi aumentando em intensidade. Aquele cântico continuou o dia todo, e Regina, intrigada, perguntou às pessoas da companhia de onde vinha aquela voz, mas ninguém soube dizer, porque ninguém, a não ser ela, a ouvia.

Ficou investigando a procedência daquela cantiga e descobriu que a ouvia apenas em um ponto muito específico: em frente ao canhão de Capirote.

Lá dentro, o homem-bala cantava para ela canções quase esquecidas, que saíam disparadas do canhão e colidiam com o mais profundo da alma de Regina.

— Capirote... — clamou Regina — suba aqui, se lance para cá!

O homem-bala demorou um tempo, mas, no fim, resolveu responder:

— Não consigo, preciso que alguém acenda o meu pavio! E queria que fosse você!

— Não posso descer. Tenho vertigem — Regina disse quase para si mesma.

Regina e Capirote
Da noite para o dia Capirote, enfim, concordou em sair de seu canhão, e com mais vontade de voar do que nunca. A companhia inteira estranhou ele ter saído sem que a "mulher de sua vida" tivesse acendido o pavio, como exigia, mas, por via das dúvidas, todo mundo achou melhor não perguntar nada.
O número do homem-bala foi, então, retomado, após seu protagonista ter passado mais de um mês dentro do canhão. Naquela noite, a expectativa era enorme, pois haviam pendurado cartazes por todo o povoado anunciando o referido evento. Como sempre, Bambino foi o encarregado de acender o pavio. O homem-bala voltou a receber os aplausos de seu público. Tudo voltava a ser como antes. O que ninguém sabia era que Capirote e Regina tinham começado um idílio amoroso que se limitava a um encontro diário, um encontro que durava décimos de segundos, mas era o tempo suficiente para, durante seu número, Capirote passar voando ao lado dela, os dois se beijarem rapidamente, e Regina colocar um bilhetinho entre a bochecha e a correia do capacete do amado. No resto do tempo, alimentavam o desejo lembrando aquele instante.
Viveram assim por muito tempo. Sempre sigilosos nesse namoro a conta-gotas. Até que Capirote, enfim, com paciência e dedicação, aprendeu a acender, sem precisar da ajuda de ninguém, o pavio de seu canhão. (Blanco, 2015, cap. 1, 2 e 14)

Quando terminei a leitura do conto, ambos estavam profundamente emocionados. Pedi que não dissessem nada e simplesmente sentissem o que tal leitura mobilizara neles para que, na semana seguinte, comentássemos sobre a experiência vivida. Na sessão seguinte, Joana (nome fictício) relatou:

> O conto traduz perfeitamente o que estamos vivendo. Cada um em seu mundo. Buscando algo especial que nos faça resgatar o momento mágico que vivemos um dia. O reencontro de nossas almas. Uma mudança que vai além do casamento. Uma mudança individual, uma busca de uma essência maior, e a falta de desejo é só a ponta de um material que está submerso. Será que o que o nosso corpo está clamando quando fala da falta de desejo pode ser a busca da reconexão com nosso "eu" mais profundo?

Começo a pensar que, como no conto, numa fração de segundo, na intersecção onde o "céu" se encontra com a "terra", um novo encontro se faz! Capirote aprendeu a *acender* o pavio de seu canhão sozinho, acendeu o fogo da paixão, e com isso ele e Regina puderam *ascender* a uma união espiritual.

> [...] a união sexual [...] simboliza a busca da unidade, a diminuição da tensão, a realização plena do ser. Por isso os poemas místicos adotam a linguagem erótica para tentar expressar a inefável união da alma com o seu Deus. (Chevalier e Gheerbrant, 1989, p. 832)

Para os hindus, há uma relação direta entre a concretude da união sexual e o acesso misterioso a uma fonte criativa: "O simbolismo hindu associa a unificação cósmica à combinação entre *lingam* (pênis) e *yoni* (vagina). A união é a fonte de criatividade da qual flui a nova vida" (Dunne, 2012, p. 213-4).

Nos templos de Khajuraho, pequena cidade da Índia, as paredes exteriores são repletas de imagens explicitamente sexuais. Seu significado, ao menos para nós, ocidentais, permaneceu um mistério por séculos, até que estudiosos conseguiram decifrá-lo. A figura feminina desnuda e sensual sempre foi um motivo canônico da arte dos templos hindus medievais, pois a nudez feminina era vista não como tentação pecaminosa, mas como símbolo da fertilidade feminina e da espiritualidade.

Ao visitar o Pagode Negro de Konarak (hoje chamado de Templo do Sol), Jung observou que a Índia inclui a sexualidade na religião:

> O pagode é coberto de cima a baixo por esculturas obscenas [...] que, segundo ele [um estudioso] me explicou, era um meio de alcançar a espiritualidade. Objetei – apontando para um grupo de jovens camponeses que estavam parados, de boca aberta, diante do monumento, admirando seu esplendor – que aqueles jovens dificilmente estariam a caminho da espiritualização naquele momento, mas provavelmente dominados por fantasias sexuais. Ele respondeu: "Mas essa é exatamente a questão. Como eles podem se espiritualizar se primeiro não cumprirem seu carma? Essas imagens supostamente obscenas estão aqui com o propósito de lembrar as pessoas de seu darma [lei]. De outra forma, esses jovens inconscientes poderiam esquecer". (Dunne, 2012, p. 147-48)

Será a integração entre corpo, psique e espírito o próximo passo na evolução da sexualidade?

O trabalho com o casal continuou, até que um dia ela chegou dizendo: "Você precisa ler este livro, ele fala sobre tudo que temos trabalhado aqui".

Comecei a ler *Criando união – O significado espiritual dos relacionamentos*, de Eva Pierrakos e Judith Saly (1993), e deparei com conteúdos que, de fato, muitas vezes traduziam o que estávamos trabalhando. Por exemplo:

> [...] É preciso que apareça uma nova expressão sexual [...] quando a fusão ocorre em todos os níveis, vocês não se unem ao parceiro, mas também a Deus [...] Depois que vocês perceberem que a fusão sexual é insuficiente e desinteressante se não englobar todas as energias físicas no processo de união, vocês enfocarão o encontro sexual sob um prisma muito diferente. A união sexual jamais será acidental ou aleatória: vocês a considerarão um ritual sagrado. Esses rituais serão criados por cada casal, e poderão mudar com o tempo [...] O encontro sexual é a verdadeira fusão dos princípios masculino e feminino como forças universais. Cada fusão será um ato criativo, trazendo à tona novas formas espirituais, novas alturas de desenvolvimento dos dois eus, que podem ser transmitidos a outras pessoas. A combinação complementar desses dois aspectos divinos – as forças feminina e masculina – criará não apenas satisfação total, êxtase e felicidade, mas novos e duradouros valores e uma verdadeira experiência da realidade divina, ou de Cristo no eu e no outro. (p. 190-91)

Será o próximo passo aquilo que Jung definiu como casamento místico? "O casamento místico ou combinação química por 'afinidade' é uma forma de sexualidade mística que simboliza a união espiritual com nossa fonte." (Dunne, 2012, p. 213).

CONIUNCTIO?

Coniunctio, em latim, quer dizer "unificação" ou união. A união do homem e da mulher em sua totalidade, como representado no tratado alquímico *Rosarium philosophorum*, datado do século 16, é o "casamento simbólico" do rei e da rainha, do sol e da lua. Assim também se dá a união de Regina e Capirote: depois de passarem por dores, separações e questionamentos sobre o caminho que deveriam seguir, fundiram-se num momento único.

Coniunctio: símbolo alquímico de uma união de substâncias desiguais; um casamento dos OPOSTOS em uma relação sexual cuja fruição se dá no nascimento de um novo elemento. Isso é simbolizado pela criança, que manifesta potencial para uma totalidade maior recombinando atributos das duas naturezas opostas. Do ponto de vista de Jung, a *coniunctio* era identificada como a ideia central do processo alquímico: "[...] Porque a *coniunctio* simboliza processos psíquicos, o RENASCIMENTO e a TRANSFORMAÇÃO que se seguem têm lugar dentro da psique [...]" (Samuels, Shorter e Plaut, 1988, p. 51-52).

Talvez a falta de desejo não seja somente a falta de atração física devida a estresse, desgaste pelo tempo de relacionamento ou mudanças hormonais, mas também expresse a busca da união espiritual, da integração com o Todo. Será possível pensar que o sexo é uma expressão da consciência que busca tal integração? Quem sabe, quando a fusão houver ocorrido em todos os níveis (físico, emocional, mental e espiritual), o sexo pode renascer transformado?

Aqui vale ressaltar que essa união é uma vivência interna, uma projeção simbólica, caso contrário cairemos na literalização, ou seja, atuação, *acting out* sexual, como ocorre, por vezes, em certas seitas que exigem que os participantes tenham relações sexuais com o "guru" para obter uma suposta elevação espiritual.

Quando dois seres humanos se fundem, conscientes de que existe dentro deles um mundo espiritual onde podem descobrir sua unicidade, ocorre a união espiritual. O tremendo poder criativo da força sexual gerada através da união em todos os níveis tem vida própria, que se realimenta constantemente [...]. Participando dessa vida, os parceiros que buscam a união colocam em movimento alguma coisa que adquire impulso próprio, como uma corrente que a personalidade precisa aprender a seguir. Tudo o que existe na psique humana aparece na experiência sexual. A forma real da experiência sexual, portanto, é um indicador infalível do estágio em que se encontra a psique. (Pierrakos e Saly, 1993, p. 162)

Em última instância, o ser humano completo se funde com a Fonte de Todo Ser, repetindo a experiência mística universal. Quem sabe, de mãos dadas e coração aberto, eu e você, juntos, conseguimos vislumbrar uma luz no fim do túnel e completar o quebra-cabeça. Sem nos preocuparmos com chegar a uma definição, mas, acima de tudo, buscando uma reflexão sobre possibilidades de ascendermos a novos caminhos. Afinal, como afirma Hollis (2005, p. 127), "todos nós sentimos anseios devido à nossa alma dividida. Uma parte deseja grudar-se à terra em um abraço ctônico; a outra anseia os céus, a transcendência, a volta ao lar espiritual".

REFERÊNCIAS

BLANCO, Riki. *Contos-pulga*. Trad. de Miguel Del Castilho. São Paulo: Mov Palavras, 2015.

CHEVALIER, Jean; GHEERBRANT, Alain. *Dicionário de símbolos*. 2. ed. Rio de Janeiro: José Olympio, 1989.

DUNNE, Claire. *Carl Jung – Curador ferido de almas*. São Paulo: Alaúde, 2012. (Biografia Ilustrada.)

HOLLIS, James. *Mitologemas – Encarnações do mundo invisível*. São Paulo: Paulus, 2005.

JODOROWSKY, Alejandro (@alejandrojodorowsky). *Amar es un acto de fe*. 21 ago. 2017. Disponível em: <https://www.facebook.com/alejandrojodorowsky/posts/10154592535690059/>. Acesso em: 25 jun. 2021.

JUNG, Carl Gustav. "Psychological types definitions". In: *Collected works of C.G. Jung*. Org. de H. Read, M. Fordham, G. Adler e W. McGuire. Trad. de R. F. C. Hull. Princeton: Princeton University Press, 1953-1979. (Bollingen Series, v. 6.)

_____. "Two essays on analytical psychology: a) The personal and the collective unconscious; b) The function of the unconscious". In: *Collected works of C.G. Jung*. Org. de H. Read, M. Fordham, G. Adler e W. McGuire. Trad. de R. F. C. Hull. Princeton: Princeton University Press, 1953-1979. (Bollingen Series, v. 7.)

_____. "The spirit in man, art, and literature". In: *Collected works of C.G. Jung*. Org. de H. Read, M. Fordham, G. Adler e W. McGuire. Trad. de R. F. C. Hull. Princeton: Princeton University Press, 1953-1979. (Bollingen Series, v. 15.)

_____. *A prática da psicoterapia – Contribuições ao problema da psicoterapia e à psicologia da transformação*. Petrópolis: Vozes, 1987. (Obra Completa, v. 16.)

_____. *Memórias, sonhos e reflexões*. Comp. e pref. de Aniela Jaffé. 8. ed. Rio de Janeiro: Nova Fronteira, 1986.

PIERRAKOS, Eva; SALY, Judith. *Criando união – O significado espiritual dos relacionamentos*. São Paulo: Cultrix, 1993.

SAMUELS, Andrew; SHORTER, Bani; PLAUT, Fred. *Dicionário crítico de análise junguiana*. Rio de Janeiro: Imago, 1988.

SEX (Temporada 1, ep. 4). *Evolve* [Série]. Direção: Rob Goldberg, Neil Laird e Christopher Gidez. EUA: Optomen Productions Inc. for History, 2008. (45 min.) Disponível em: <https://www.youtube.com/watch?v=DP7m22umAZI> (somente em inglês). Acesso em: 23 jul. 2021.

VARGAS, Nairo de Souza. "O casamento e a família como caminho de individuação". *Junguiana – Revista da Sociedade Brasileira de Psicologia Analítica*, São Paulo, v. 7, 1989, p. 102.

4
Casais homoafetivos: afinando a escuta

Adriana Lopes Garcia

Este texto pretende provocar reflexões sobre o atendimentos de casais formados por pessoas do mesmo sexo: de que lugar cada um de nós olha para esses casais e suas famílias? É possível atendê-los sem preconceitos, inclusive os intrínsecos aos conceitos teóricos que norteiam nosso raciocínio clínico? Que sensação de conforto-desconforto a temática da homoafetividade nos traz?

Aumenta o número de textos sobre o homoerotismo no Brasil, mas ainda são poucos aqueles que tratam do relacionamento afetivo entre pessoas do mesmo sexo. Pretendo ressaltar, principalmente, aspectos práticos do atendimento a estes casais.

Cada vez mais recebemos casais do mesmo sexo e famílias homoparentais na clínica. Não obstante o grande interesse, notamos que muitos profissionais nunca fizeram uma reflexão aprofundada sobre o assunto.[1] Há terapeutas que

---

[1] O termo "homo ignorance" foi criado para indicar o desconhecimento da questão da homossexualidade.

atendem casais homossexuais sem ter a menor familiaridade com o tema. É comum encontrarmos terapeutas de casal que afirmam que atender um casal do mesmo sexo é igual a atender casais de sexo oposto. Esse posicionamento pode veicular a ideia de ausência de preconceitos; talvez queiram expressar que legitimam casais do mesmo sexo – o que é muito importante. No entanto, é fundamental reconhecer as especificidades do atendimento a casais do mesmo sexo, algumas das quais abordaremos a seguir.

> Na verdade, não existe um casal que seja igual ao outro, mas essa afirmação é mais evidente quando o par é constituído por dois homens ou duas mulheres. Casais formados por pessoas do mesmo sexo têm muito das necessidades e dos conflitos dos casais heterossexuais, embora se defrontem com uma gama enorme de problemas gerados pelo preconceito e pelas dificuldades vivenciadas por todos aqueles que fazem parte de uma minoria social. (Castanho França, 2004, p. 149)

Ao procurar atendimento, um casal formado por pessoas do mesmo sexo pode trazer certa apreensão de como será recebido pelo terapeuta, o que nos leva a questionar nosso posicionamento já ao responder seu primeiro telefonema ou mensagem de texto. Habituados a receber heterossexuais, será que comunicamos – mesmo sem essa intenção – que esperamos que o casal do outro lado da linha seja composto por um homem e uma mulher? Ao recebermos, por exemplo, o telefonema de uma mulher querendo marcar um horário para a terapia de casal, a pergunta que costuma seguir é: "Qual o nome do seu marido?" Vale dizer que existem outras possibilidades de formular essa questão tão simples: "Qual é o nome da pessoa que vem com você?" ou "Qual é o nome da outra pessoa?" Se aquele que nos procurou for heterossexual, provavelmente nem perceberá essa delicadeza; já se for homossexual, provavelmente se sentirá acolhido.

Nossos valores familiares e religiosos, nossa formação acadêmica e nossa vivência pessoal permeiam a escuta terapêutica que oferecemos a qualquer cliente. Estar alerta a essas influências, tomando consciência delas, faz parte dos cuidados e da ética profissional, essenciais aos profissionais de saúde mental.

Por mais que, no primeiro momento, o terapeuta acredite em sua abertura e em seu esclarecimento em relação à homossexualidade, ao aprofundar-se na teia de pensamentos e sensações que o invadem a partir desse tema deve perceber que é impossível escapar ao peso da cultura. A propósito, as teorias que alicerçam nossos raciocínios clínicos são permeadas pela visão de mundo da época em que foram produzidas.

A leitura que o terapeuta tem da homossexualidade determina sua forma de conduzir os casos clínicos que chegam ao seu consultório. No atendimento a casais, essa leitura passa, inclusive, pela impressão de quão "legítimo" é um casal formado por pessoas do mesmo sexo.

Existe a fantasia, inclusive entre psicólogos, de que a relação entre dois homens ou entre duas mulheres seria mais fácil, pela identificação e por estarem dentro do código social do mesmo gênero. No entanto, notamos nos atendimentos de casais homoafetivos que, mesmo diante de um corpo "igual", quando se trata do relacionamento amoroso, o psiquismo se encontra com o Outro, com o que é estrangeiro para ele na complementaridade psíquica. *Anima* e *animus*, nesse contexto, precisam ser desliteralizados do gênero. Esses conceitos têm passado por constantes revisões para retirá-los da "armadilha" do heterocentrismo (segundo o qual um homem só poderia encontrar seu "Outro" em uma mulher, e vice-versa) ao qual foram associados mais por parte dos junguianos do que do próprio Jung.

Samuels (1985, p. 252) salienta a importância de observarmos a psicologia do oposto e afirma que devemos pensar na sexualidade como metáfora:

> *Anima* e *animus* provocam imagens que representam um aspecto inato de homens e mulheres – aquele aspecto deles que é, de certa forma, diferente do modo como funcionam conscientemente; um *outro*, estranho, talvez misterioso, porém certamente cheio de possibilidades e potencialidades. Mas por que a ênfase no "sexo oposto"? Porque o homem irá, muito mais naturalmente, imaginar o que é seu "outro", para ele, sob a forma simbólica de uma mulher – um ser com outra anatomia. A mulher irá simbolizar o que é estranho, ou misterioso para ela, em termos do tipo de corpo que ela mesma não tem. Na verdade, a sexualidade do oposto implica na psicologia do oposto; a sexualidade é uma metáfora para isso.

A maioria dos textos acerca das questões homoafetivas discorre com maior ou menor profundidade sobre sua contextualização ao longo da história. Isto é importante, já que os conceitos do que é ser homem, do que é ser mulher e do que é ser homossexual estão em constante mudança; seus significados são permeados por construções da cultura. As relações entre pessoas do mesmo sexo sempre existiram; o que mudou foi a forma como elas são vistas ao longo do tempo. Em cada época e em cada cultura, atribuíram-se à homossexualidade projeções diferentes. Conhecer esse contexto nos ajuda a entender como nossas crenças a respeito do tema, inclusive como terapeutas, foram construídas.

Da ótica religiosa, a homossexualidade foi vista como pecado, um problema moral, algo "condenável aos olhos de Deus". Da ótica judicial, foi vista como crime e passou a ser punida pelos homens. Já a visão médico-psiquiátrica a considerou doença – portanto, passível de tratamentos e tentativas de uma suposta "cura".

A classificação moral da sexualidade, que a reduziu a categorias estáticas, deu-se no século 19, quando foram criados os termos "heterossexual" e "homossexual":

> "Heterossexualidade" e "homossexualidade" são palavras modernas criadas no final do século 19, que foram inicialmente aceitas pela psicologia alemã e logo introduzidas no vocabulário internacional. São termos nascidos de um casamento predestinado a durar muito, o da sexualidade com a ciência, que foi celebrado sob os auspícios da revolução industrial e do positivismo. Foi a linguagem do espírito médico acadêmico do final do século 19 que "inventou" a psicologia e a psicopatologia. (Lingiardi, 2011, p. 24)

Conforme Borrillo (2016, p. 31),

> a heterossexualidade aparece como o padrão para avaliar todas as outras sexualidades. Essa qualidade normativa – e o ideal que ela encarna – é constitutiva de uma forma específica de dominação chamada heterossexismo, que se define como a crença na

existência de uma hierarquia das sexualidades, em que a heterossexualidade ocupa a posição superior.

Ao se tornar objeto de estudos da psicologia e da psicanálise, a homossexualidade passou a ser encarada como transtorno psicológico por várias teorias. Diversas hipóteses foram levantadas, durante décadas, com a intenção de explicar suas causas e padronizar uma dinâmica emocional comum aos homossexuais, ou dinâmicas familiares que justificassem seu "surgimento" e "funcionamento". A maioria dos escritos psicológicos, por muito tempo, patologizou os homossexuais ou, no mínimo, colocou-os no campo da inadequação.

James Hillman (*apud* Lingiardi, 2011, p. 25) também aponta para o perigo da psicopatologização e das definições redutivas da sexualidade:

> Conceitos psicopatológicos tendem a eliminar artificialmente questões fundamentais e a nos deixar com a sensação de que o significado de tudo está nas suas definições. Esse modelo é o do funcionamento "perfeito", isto é, de uma sexualidade que poderia funcionar como uma máquina, sem sobressaltos e sem conflitos.

Até hoje, nenhuma teoria foi capaz de abarcar a pluralidade do tema. Por essa razão, alguns autores falam de "homossexualidades", valendo-se do plural para destacar que a sexualidade/homossexualidade de cada indivíduo é singular e, portanto, tem um sentido próprio em cada processo de individuação.

Os homossexuais que procuram nossa escuta clínica em geral não o fazem para questionar por que são homossexuais;

parece que essa questão por muito tempo interessou mais aos psicólogos do que aos pacientes. O analista preocupado em encontrar a possível "causa" pode não se atentar ao que realmente importa: a angústia dos pacientes.

A HOMOAFETIVIDADE NA ESFERA JURÍDICA

Uma das fantasias em nossa sociedade é a de que os casais homoafetivos não estabelecem relações afetivas duradouras. Tal fantasia foi sustentada sobretudo pela invisibilidade desses casais. Os avanços jurídicos na área ocorridos no Brasil na última década são significativos, o que influencia diretamente o modo como a sociedade vê as relações homoafetivas, interferindo também na percepção dos próprios casais sobre suas relações. A legitimação oferece-lhes a possibilidade de sair da sombra e das margens sociais.

Dados de 2019 publicados pela *Folha de S.Paulo* mostram que a homossexualidade ainda é considerada crime em setenta países; em dez deles, é punida com pena de morte (Mantovani, 2019). Atualmente, existem no mundo 24 países que permitem o casamento homoafetivo. O Brasil, desde 2013, é um deles. Nesses países, parceiros do mesmo sexo têm seus direitos reconhecidos como casal, com a possibilidade de declaração conjunta de imposto de renda, adoção por dois pais ou duas mães, licença-maternidade/paternidade, herança, inclusão no plano de saúde e, por último, direitos de decisão sobre a saúde e a vida do parceiro.

A legitimidade jurídica das relações homoafetivas é recente; a Holanda foi o primeiro país a garantir esses direitos, no ano 2000.

Na última década, assistimos a importantes avanços legais no Brasil: em 2009 casais do mesmo sexo adquiriram o direito de colocar o nome de ambos na certidão de nascimento do filho; em 2011, aprovou-se a união estável entre eles; em 2013, finalmente puderam se casar oficialmente.[2]

É muito importante ressaltarmos que essas resoluções, no entanto, não asseguram direitos por força de lei, mas sim por interpretação da jurisprudência, o que abre espaço para manobras políticas que podem tentar tirar dos pares homoafetivos os direitos adquiridos. Isso gera insegurança e medo de retrocesso em conquistas que demoraram tanto tempo para ser alcançadas.

Em 2016, O *Dicionário Houaiss da língua portuguesa*, diante da diversidade de configurações familiares contemporâneas, decidiu dar uma nova definição ao verbete "família": "Núcleo social de pessoas unidas por laços afetivos, que geralmente compartilham do mesmo espaço e mantêm entre si uma relação solidária". Trata-se de uma definição que exalta os laços afetivos e a solidariedade, o que abre espaço para a desconstrução da ideia de que uma família só poderia ser legítima num modelo heterossexual.

Se, por um lado, o processo de legitimação avança, por outro, retrocede. Em 2017, um juiz concedeu, por meio de liminar, o direito de psicólogos fazerem "reorientação" de pacientes homossexuais sem sofrer qualquer tipo de punição do

---

[2] Em 2009, o Conselho Nacional de Justiça (CNJ) decretou a mudança do padrão da certidão de nascimento tradicional: de "pai /mãe" mudou para "filiação". Em 2011, o Supremo Tribunal Federal (STF) decretou que pessoas do mesmo sexo teriam os mesmos direitos conferidos às uniões estáveis de casais heterossexuais. Em 2013, o CNJ aprovou uma resolução que obriga todos os cartórios do país a celebrar casamento entre pessoas do mesmo sexo. Somente na cidade de São Paulo, 701 casais oficializaram suas relações naquele ano.

Conselho Federal de Psicologia (CFP). A medida contraria a Resolução 01/1999 do CFP, que determina que os profissionais não exerçam qualquer ação que favoreça a patologização de comportamentos ou práticas homoeróticas nem colaborem com eventos e serviços que proponham "a cura" da homossexualidade. Essa liminar vai contra todos os esforços dos psicólogos no sentido de despatologizar a homossexualidade, e abre um perigoso precedente para que profissionais despreparados ou oportunistas promovam tratamentos antiéticos em seus consultórios.

Em 2019, nas eleições para o Conselho Federal de Psicologia e em seus conselhos regionais, concorreram chapas com profissionais que defendem a "reorientação" da sexualidade. Felizmente, essas chapas não venceram, mas tiveram votação expressiva, o que é preocupante. Se um paciente procura ajuda psicológica porque não "aceita" sua sexualidade, o trabalho analítico com ele deverá ser o de autoaceitação, de combate à homofobia internalizada, de acolhimento, e não um trabalho que tente "mudar" sua orientação sexual.

É perigoso quando a homofobia internalizada do paciente e sua visão heterocêntrica de mundo encontram um psicólogo também homofóbico, que no íntimo acredita que a homossexualidade é um desvio e que ele pode "ajudar" o paciente a se curar. O mais preocupante é que dizem falar em nome da "ciência", argumentando que, se o paciente tem uma "homossexualidade egodistônica", ele tem o direito de "mudar" sua sexualidade. A "homossexualidade egodistônica" nada mais é do que a não aceitação da sexualidade pelo indivíduo e, infelizmente, pode encontrar eco nos preconceitos do analista.

Os discursos e as atitudes preconceituosas que emergiram da sombra coletiva nos últimos tempos mexem diretamente nas feridas mais profundas das pessoas homossexuais, e também de todo o universo LGBTQIA+ (lésbicas, gays, bissexuais, transexuais, queer, intersexo e assexuais e outros).

Em 2018, com a eleição do presidente Jair Bolsonaro, muitos casais homoafetivos procuraram os cartórios do país para oficializar suas relações, com receio de que, se não se casassem naquele momento, não poderiam fazê-lo depois. Isso levantou questões importantes entre os casais, e algumas delas foram temas de suas análises: "Será que realmente queremos dar esse passo na relação agora?".

Quando atendemos casais do mesmo sexo, precisamos estar abertos para trabalhar com questões específicas. Outro ponto peculiar importante a salientar é o da maternidade/paternidade. Alguns casais procuram a terapia para discutir se querem ser pais e mães e, principalmente, de que forma o farão. É curioso pensarmos que no caso dos pares do mesmo sexo não existe a possibilidade de terem um filho "sem querer". Um casal certa vez me disse: "Infelizmente não podemos ser surpreendidas por uma gravidez depois de uma noite de amor". Eles realmente têm de se comprometer com o desejo de ter um filho e, a partir daí, iniciar um processo de adoção ou de reprodução assistida. Há, ainda, casais de mulheres que optam por ter filhos recorrendo a um amigo.

A barriga de aluguel não é legal no Brasil. A gestação de substituição, ou barriga solidária, pode ser feita desde que não envolva transação comercial. Uma resolução de 2015 determina que familiares até quarto grau (primas) podem ceder o útero para gestação e fazer fertilização *in vitro*. Em situações de gestação solidária em que não haja parentesco, é preciso entrar com um processo no Conselho Federal de Medicina para que esse tipo de fertilização seja autorizado.

Recebi um casal de mulheres que estavam juntas havia seis anos. Contaram-me que suas famílias de origem aceitavam muito bem o relacionamento, que participavam ativamente dos eventos familiares e recebiam toda a validação de seus círculos sociais. Relataram que sentiam que os familiares as olhavam com admiração e respeito. Aceitaram bem o namoro e o casamento.

Procuraram a análise porque desde que se casaram seus familiares estavam cobrando que tivessem filhos, com o "argumento" de que seriam ótimas mães. O nosso trabalho clínico foi em torno desse tema. Trabalhamos por aproximadamente um ano e meio e, ao final desse período, elas entenderam que estavam pressionadas por uma expectativa externa e que, mesmo acreditando que seriam ótimas mães e mesmo tendo corpos capazes de engravidar, não desejavam ter filhos.

A HOMOFOBIA

Porque Narciso acha feio o que não é espelho.
CAETANO VELOSO

Entre as tantas questões que poderíamos aprofundar nas especificidades do atendimento aos casais do mesmo sexo, escolhemos destacar a homofobia, pois acreditamos que um olhar cuidadoso para essa questão é fundamental para o manejo clínico:

A homofobia pode ser definida como a hostilidade geral, psicológica e social contra aquelas ou aqueles que, supostamente, sentem desejo ou têm práticas sexuais com indivíduos do seu próprio sexo. Forma específica de sexismo, a homofobia rejeita, igualmente, todos aqueles que não se conformam com o papel predeterminado para seu sexo biológico. Construção ideológica que consiste na promoção constante de uma forma de sexualidade (hétero) em detrimento de outra (homo). (Borrillo, 2016, p. 34)

A homofobia também é introjetada pelos homossexuais, que, por serem socializados em nossa cultura heterocêntrica, desenvolvem o que chamamos de "homofobia internalizada". Por ser inconsciente, esta aparece na forma de angústia, sentimento de inadequação, pessimismo com relação à própria capacidade de estabelecer vínculos amorosos:

Aprendemos a amar sendo amados. Quando não fomos completamente amados naquilo que somos – ainda que as melhores intenções possam estar presentes – por nossos pais, educadores e amigos e quando temos que esconder e assim deixamos de compreender (e de aceitar) o amor como ele se apresenta a nós, estamos, na verdade, aprendendo que amar é perigoso ou errado, que o amor e o medo caminham juntos e principalmente que amar é poder machucar aquilo que amamos. (Barcellos, 2011, p. 73)

O mesmo autor nos diz:

Qualquer trabalho com a alma, qualquer trabalho clínico com indivíduos homossexuais, passa necessariamente, a meu ver, por uma conscientização e uma elaboração do que a homofobia fez em suas vidas. Se você é uma criança de inclinações homoeróticas sendo educada numa família heterossexual e numa cultura heterossexual, sentir que há algo de "errado" com você é o início de uma ferida em sua capacidade de amar e de se amar, na capacidade de cultivar amor-próprio, de consequências importantes, que mais tarde a psicoterapia irá entender e rotular, de modo um tanto simplificado, de "baixa autoestima". (*ibidem*, 2011, p. 73-4)

A inconsciência sobre a homofobia internalizada pode fazer que o indivíduo não se permita sequer estabelecer relações amorosas. Além disso, muitos homossexuais se sentem tão culpados por seus desejos e/ou práticas homossexuais que adotam uma postura de autodestruição, abusando de substâncias como álcool e drogas ou se colocando em situações de risco, como sexo sem proteção. Em outras palavras, a homofobia, tanto a sofrida externamente quanto em sua forma internalizada, causa sofrimento. Os sintomas que surgirão a partir daí, mais ou menos graves, dependerão da estrutura psíquica de cada pessoa.

Talvez imaginemos que os casais que nos procuram na clínica já lidaram com essa questão, porque, afinal, estabeleceram um relacionamento. No entanto, observamos que, em muitos casos, a homofobia internalizada interfere na relação. Podemos ver seus efeitos sobretudo por meio da ambiguidade do vínculo e das expectativas negativas dos pares diante de suas relações amorosas:

> A homofobia internalizada faz muitos gays e lésbicas terem uma expectativa inconsciente negativa a respeito de seus próprios relacionamentos e uma visão distorcida sobre seu potencial para ter

um vínculo adulto satisfatório. Um dos mitos presentes em nossa cultura é o da impossibilidade da existência de um vínculo duradouro entre homossexuais; essa crença internalizada pode causar um boicote inconsciente, fazer que um desista mais facilmente do outro, sem lutarem pelo relacionamento, trabalhando as inevitáveis dificuldades que aparecem em qualquer relação de longo prazo. (Castanho França, 2004, p. 155)

Muitos terapeutas de casais relatam que, ao atender casais de pessoas do mesmo sexo, percebem que são relacionamentos por vezes intensos, marcados por interrupções, impulsividades, boicotes etc. Observam que eles "não suportam ficar bem" e que parecem não utilizar seus recursos emocionais a favor da relação, como fazem em outras áreas da vida (a profissional, por exemplo). Embora essa dinâmica não seja exclusividade dos pares homoafetivos, um trabalho cuidadoso de explicitação e conscientização do impacto que a homofobia (interna e externa) teve em cada um(a) pode ajudar o casal do mesmo sexo a legitimar seu relacionamento amoroso e a trabalhar em prol do desenvolvimento da relação. Esse trabalho passa por explicitar as "armadilhas" que os pares criam inconscientemente para boicotar o relacionamento amoroso.

UM CASO CLÍNICO

Laís e Lúcia estão juntas há doze anos. São bem-sucedidas profissionalmente. Procuraram a terapia pelas brigas constantes; já romperam três vezes. Não conseguem ficar bem juntas, mas sentem que se amam e não querem se separar de novo. As discussões costumam ocorrer por motivos corriqueiros.

Lúcia reclama que, cada vez que dão um passo de maior comprometimento – como a compra do apartamento, por exemplo –, Laís "surta", fica intratável.

Numa das sessões, durante um relato de Laís, ela se referiu a Lúcia como "namoradinha", o que era frequente. Aquilo me chamou a atenção. Demos voz, naquela sessão, para a imagem da "namoradinha". Ela disse que ficava incomodada quando as pessoas se referiam a Lúcia como sua esposa... achava uma referência muito hétero. Lembrou que, quando era pequena, sua tia vivia perguntando se ela tinha um namoradinho na escola. A partir daí começamos a falar sobre a homofobia internalizada que foi veiculada por Laís, mas encontrava ressonância em Lúcia. Com o tempo, estabeleceram que preferem se chamar de "companheiras", e hoje estão cada vez mais comprometidas.

Quando atendemos casais, tanto homo quanto heterossexuais, é importante que saibamos como é a família de origem de cada um(a), como ambos(as) se conheceram, qual é a história do relacionamento, quais foram as percepções/projeções iniciais de um(a) sobre o(a) outro(a), ou seja, o histórico daqueles indivíduos e daquela relação.

Nas relações homoafetivas, além dessas questões, é importante sabermos como foi a descoberta da homossexualidade para cada um(a), se houve conflitos na fase de aceitação da própria sexualidade, como as famílias de origem lidaram com isso e como lidam com a relação do casal: sabem do relacionamento, apoiam-no? Aceitam os(as) parceiros(as)?

O analista deve estar aberto para escutar a singularidade de cada par, em particular no atendimento a casais homoafetivos.

Por um lado, precisa ter cuidado especial para observar quais são suas fantasias acerca dessa configuração amorosa para não reforçar, por meio da contratransferência, preconceitos já vivenciados por eles em suas famílias de origem. Por outro lado, também devemos ficar atentos para não ser "cuidadosos demais", deixando de proporcionar espaço para que o casal tenha, em sua terapia, os confrontos necessários.

É fundamental que o terapeuta de casais tenha trabalhado a própria homofobia antes de atender casais homoafetivos, podendo, assim, identificar a homofobia internalizada em seus pacientes, bem como ajudá-los a ressignificar suas crenças e fantasias a respeito do que é ser homossexual, oferecendo uma escuta respeitosa e positiva diante da relação que se apresenta.

CONSIDERAÇÕES FINAIS

Ao atender casais do mesmo sexo, nossa escuta será mais precisa se, além de ouvir as peculiaridades daquela dupla, nós nos interessarmos por como a homossexualidade vem sendo ouvida ao longo da história em diferentes momentos e em distintas culturas.

Devemos sempre lembrar que as formas como estabelecemos relações amorosas estão em constante transformação. A pluralidade de formas de famílias e casais vem sendo ampliada com o passar dos anos; vale lembrar que já temos relações estáveis em formato de poliamor.

REFERÊNCIAS

BARCELLOS, Gustavo. "O amor entre parceiros do mesmo sexo e a grande tragédia da homofobia". In: CORRÊA SALLES, Carlos Alberto; FÁTIMA CÉSAR E MELO, Jussara

Maria de (orgs.). *Estudos sobre a homossexualidade – Debates junguianos*. 1. ed. São Paulo: Vetor, 2011. (Coleção Anima Mundi.)

BORRILLO, Daniel. *Homofobia – História e crítica de um preconceito*. Trad. de Guilherme João de Freitas Teixeira. Belo Horizonte: Autêntica, 2016.

CASTANHO FRANÇA, Maria Regina. "Terapia com casais do mesmo sexo". In: FALLER VITALE, Maria Amália (org.). *Laços amorosos – Terapia de casal e psicodrama*. São Paulo: Ágora, 2004.

LINGIARDI, Vittorio. "Ars erotica ou scientia sexualis? Análise e o amor pelo mesmo sexo". In: CORRÊA SALLES, Carlos Alberto; FÁTIMA CÉSAR E MELO, Jussara Maria de (orgs.). *Estudos sobre a homossexualidade – Debates junguianos*. São Paulo: Vetor, 2011. (Coleção Anima Mundi.)

MANTOVANI, Flávia. "Relação homossexual é crime em 70 países, mostra relatório". *Folha de S.Paulo*, São Paulo, 20 mar. 2019.

QUINET, Antônio; COUTINHO JORGE, Marco Antônio (orgs.). *As homossexualidades na psicanálise – Na história de sua despatologização*. São Paulo: Segmento Farma, 2013.

SAMUELS, Andrews. *Jung e os pós-junguianos*. Trad. de Eva Lucia Salm. Rio de Janeiro: Imago, 1985.

5
Onde podemos nos (des)encontrar?

Juliana Graciosa Botelho Keating
Rosana Kelli A. S. Picchi

Estimuladas pela constante reflexão promovida nos encontros do Núcleo de Estudos em Psicoterapia de Casal e Família da Sociedade Brasileira de Psicologia Analítica de São Paulo, tomamos o filme de longa metragem *A esposa*, do diretor Björn Runge, lançado em 2019 – baseado na obra homônima da escritora Meg Wolitzer – para nos inspirar na escrita e no aprofundamento de alguns aspectos que, aos nossos olhos, revelam impasses e conflitos das relações conjugais.

O texto busca identificar e relacionar as semelhanças e diferenças entre as dores, os desafios e os ressentimentos vividos por três personagens: Eco, da mitologia grega; Joan Castleman, do filme mencionado; e, da clínica, a esposa no difícil processo de manter-se fiel à própria individualidade dentro de uma dinâmica conjugal.

No filme, talvez o espectador demore um pouco para perceber o que faz de Joan – a esposa – a personagem principal. Afinal, tudo parece girar em torno do marido, o prestigiado escritor Joe Castleman. É ele quem acaba de ganhar o Prêmio

Nobel de Literatura. É ele quem recebe os elogios e congratulações. A ela cabe acompanhá-lo. Quando tudo leva a crer que o filme tratará do marido contemplado, os holofotes são desviados e apontam para a esposa, aquela que permanece à sombra dele.

Quando Joe recebe a notícia do prêmio, é a face de Joan que presenciamos, escutando a novidade pela extensão do telefone. Em outra cena, a imagem insiste em focalizar o rosto dela enquanto o marido discursa após receber o prêmio.

A trama pode ser vista como um exemplo do mito de Eco e Narciso constelado em uma relação conjugal, ao trazer à luz não apenas o narcisista, mas também o seu par complementar, a ecoísta. A ficção nos indica e nos ajuda a perceber até que ponto a dinâmica eu-outro encontra complementaridade nessas personalidades. Tanto Eco quanto a esposa retratada no filme parecem caminhar na perspectiva de um propósito que dá significado e preenchimento. No entanto, em algum momento, o vazio existente pela falta de conexão com o sentido próprio passa a revelar o desencontro com o outro.

Muito já foi escrito e estudado a respeito do mito de Narciso e da dinâmica narcísica. Os termos "narcisismo" e "narcisista" estão amplamente difundidos e, há muito tempo, deixaram de pertencer exclusivamente ao vocabulário de especialistas e intelectuais. No entanto, a participação de Eco, a complexidade dessa personagem e a análise de sua representação simbólica são aspectos menos explorados. Ouvimos pouco sobre os termos "ecoísmo" e "ecoísta".

Narrado por Ovídio, O mito de Eco e Narciso revela a história de um amor impossível, em que o encontro não é verdadeiramente um encontro, o diálogo não é verdadeiramente um diálogo e o amor não é de fato vivido (Wenth, 1995). Dois jovens na mesma floresta: ele, incapaz de vê-la; ela, incapaz de ver-se. Nos (des)encontros, a incapacidade de autorrealização.

O (DES)ENCONTRO DE ECO E NARCISO

A ninfa Eco pertenceu ao séquito de Hera. Muito falante, por diversas vezes, com sua conversa distraiu a deusa a pedido de Zeus, que não queria ser flagrado fecundando outras ninfas. Ao se dar conta disso, Hera, sentindo-se traída e furiosa, puniu Eco mutilando sua voz e expulsando-a do Olimpo. Daquele momento em diante, a ninfa perdeu a capacidade de expressar-se verbalmente, conseguindo apenas repetir os sons e as últimas palavras emitidas por outras pessoas, e foi viver nas florestas e montanhas.

Assim que pôs os olhos em Narciso, apaixonou-se e passou a segui-lo furtivamente. Durante a caçada, o jovem se perdeu dos amigos, e Eco continuou acompanhando-o. Dentro dela, o fogo da paixão ardia mais e mais. Ele percebeu a presença de alguém. "Aqui não há alguém?", perguntou. "Há alguém", respondeu Eco. Ele se admirou, e olhou em torno. "Vem!", gritou muito alto. Ela repetiu o convite. Ele olhou para trás e, não vendo ninguém se aproximar, perguntou: "Por que foges de mim?" E escutou de volta: "Foges de mim". Narciso insistiu: "Vem para junto de mim, unamo-nos!" Eco, entusiasmada, tomada de paixão, devolveu-lhe: "Unamo-nos!" e correu para abraçá-lo. Narciso repudiou-a e, enquanto fugia, disse: "Afasta-te de mim, nada de abraços! Não me entrego a ti!" e Eco repetiu: "Me entrego a ti!" Envergonhada e humilhada, Eco passou o resto de seus dias nas grutas escondida.

Devastada pela rejeição que sofrera, a ninfa definhou, e dela sobraram apenas voz e ossos. Os ossos transformaram-se em pedras; a voz passou a ser o eco nas cavernas.

Narciso seguiu a encantar e decepcionar outras ninfas e outros jovens, até que um deles clamou aos céus que Narciso fosse castigado: "Que ele ame e seja impossibilitado de possuir o objeto amado!" Hera, na forma de Nêmesis, a deusa da justiça, atendeu à prece.

Exausto devido ao calor e ao esforço da caçada, Narciso encontrou uma fonte de água pura e límpida para matar a sede e descansar. Ao se aproximar da fonte, encantou-se com a imagem que ali repousava. Extasiado por tamanha beleza, tentou abraçar e beijar o objeto desejado. Inflamado de paixão, tentou trazê-lo para junto de si, mas a imagem desaparecia nas águas a cada tentativa. Desesperou-se ao dar-se conta de que se tratava de si mesmo e desferiu muitos golpes contra o próprio corpo, violentamente. Ao olhar-se novamente na fonte, Narciso não suportou o que viu. Ao vê-lo assim, Eco apiedou-se de Narciso. Repetiu-lhe o som dos golpes, ecoou seus gritos de dor e também sua última palavra: "Adeus". Narciso transformou-se, então, na flor que carrega seu nome.

A NINFA ECO

Eco tinha facilidade para se compadecer do outro e acolhê-lo. Conforme descreveu Raíssa Cavalcante (1997), por ser uma ninfa, Eco era dada à fecundação, voltada para o prazer, a alegria e a criatividade, sendo capaz de colocar sua alma naquilo ou naquele com o qual se envolvia. Filha do ar e da terra, trazia consigo o desejo de união dos opostos. Existia nela, então, a necessidade criativa de encontrar seu oposto complementar e se juntar a ele. Contudo, essa característica de Eco também demonstrava o aspecto defensivo da tendência à simbiose, na medida em que ela dependia da voz do outro para se expressar e – num nível mais profundo – para ter existência psíquica. De acordo com Patrícia Berry (1980), Eco tinha um sentido de identidade muito pobre. Sua energia era tão voltada para o objeto externo que a comunicação consigo própria não era possível.

Desconhecendo seus recursos internos, numa compulsão por servir ao outro, Eco seguiu seu processo de individuação – representado pela caminhada na floresta – e buscou seu oposto complementar. Quando deparou com Narciso, reconheceu nele o que estava procurando e, inflamada de paixão, desejou-o.

Quando o rapaz percebeu uma presença na floresta, não se deu conta de que a voz que repetia suas palavras pertencia a outra pessoa. Com isso, pode-se interpretar que Narciso era capaz de reconhecer algo de Eco – a voz – a partir de si próprio, mas não de admitir a independência da ninfa. Por outro lado, ela estava empenhada em se expressar a partir das falas de Narciso e julgou estar vivenciando um diálogo no qual um se declarava ao outro. Por essa razão, correu para os braços do amado. A rejeição por parte de Narciso causou enorme frustração e intensa dor à ninfa. Assim como Narciso, Eco sofreu o mecanismo de desintegração e definhou até morrer. Ela necessitava ser vista e refletida de forma positiva para sentir-se valorizada, e isso não ocorreu. Na visão de Carlos Byington (2007), apesar de enxergar o outro, Eco não tinha a possibilidade de lidar com a falta e a rejeição por parte do outro.

De acordo com Raíssa Cavalcante (1997), a punição imposta por Hera trazia a oportunidade da cura para o falatório superficial de Eco, na medida em que (destituindo-a da voz, ou seja, da identidade) Hera, na visão da autora, criou em Eco o desejo de expressão. Desta forma, a ninfa poderia desenvolver a capacidade de adquirir sua existência – psíquica – reconhecendo os próprios sentimentos e desejos, mas ela não conseguiu transcender a repetição da voz alheia.

O (DES)ENCONTRO DE JOAN E JOSEPH

No filme *A esposa*, em 1958, Joseph Castleman – também conhecido como Joe –, um professor de literatura que ambicionava estender sua carreira para além da sala de aula e tornar-se um escritor reconhecido, percebeu o talento de sua aluna, Joan Archer. Atraído pelo *golden touch* da moça, ele a seduziu. A jovem sentiu-se atraída pelo carismático e envolvente mestre e mostrou-se disposta a acompanhá-lo, a aprender e a se deixar guiar por ele. Teve início a relação amorosa entre os dois.

Joan foi definitivamente arrebatada por Joseph quando, em uma das aulas, este proclamou: "Um escritor escreve porque, se não escrever, sua alma perece. Ele escreve porque tem algo urgente e pessoal a dizer". Todavia, num encontro com uma renomada escritora da época, a jovem foi desestimulada a seguir carreira: "O público não consegue aceitar uma prosa ousada vinda de uma mulher. Nunca ache que vai conseguir a atenção dos homens. Dos que escrevem resenhas, que são os editores [...] Um escritor precisa ser lido, querida". Apesar de reconhecer sua aptidão, Joan não se sentiu capaz de enfrentar os desafios socioculturais da sociedade machista dos anos 1950-60. Ela desistiu da carreira de escritora e passou a trabalhar como secretária em uma editora. Ao saber que seus chefes procuravam um escritor judeu, indicou o marido. Joe se dedicou, mas sua história não foi aprovada. Quando a esposa apontou que a obra precisava de retoques e aprofundamento para se tornar mais interessante, Joe sentiu que Joan não o admirava e ameaçou romper o relacionamento. Joan então propôs um acordo secreto: ela colocaria seu talento a serviço do marido, "consertando" a história, ou seja, desenvolvendo melhor os personagens e a trama, e ele assumiria a autoria da obra.

O acordo secreto rendeu bons frutos: "Nós seremos publicados!", comemorou o casal. O livro foi um sucesso, o acordo foi mantido e, no decorrer dos anos, as obras assinadas por Joseph tiveram reconhecimento internacional. Na década de 1990, Joseph Castleman foi indicado ao Prêmio Nobel de Literatura. Naquele momento, a comemoração do marido foi "Eu ganhei o Nobel!" E então, lentamente, Joan iniciou o processo de conscientização de suas inseguranças, anseios e escolhas feitas no passado.

A PERSONAGEM JOAN

No decorrer da trama, as características narcísicas de Joe ficam mais e mais evidentes. Ele almejava o *status*, a fama, o prêmio. Havia o desejo de pertencer ao *hall* dos grandes escritores internacionais sem, contudo, encarar a jornada que precede essa conquista. Mais do que isso, o marido, que já se sentia incapaz e limitado, teve sua autoestima ainda mais rebaixada frente ao talento de sua mulher. Joe colhia os frutos e os louros da criatividade da esposa, mas não estava engajado nas obras que assinou; mostrava-se desconectado delas.

Um gesto sutil de Joe se repetiu ao longo da história: ele oferecia uma noz às mulheres pelas quais se interessava. Esse gesto pode ser interpretado como símbolo da sedução de Joe e, mais ainda, como símbolo do exercício de seu poder (outra característica narcísica). Todas elas, com exceção de Joan, mantiveram a noz fechada e guardada. Apenas Joan apareceu comendo da noz entregue por Joe, o que pode sugerir que apenas ela aceitou o papel de ecoá-lo, de submeter-se a ele e estabelecer com ele uma relação simbiótica.

A aluna tinha consciência de seu talento para a escrita, mas se julgava incapaz de enfrentar os desafios de ser uma escritora reconhecida. A baixa autoestima e a timidez de Joan alimentaram o sentimento de incapacidade de enfrentar a árdua jornada, não apenas de lançar-se no mundo da literatura, mas também de conquistar respeito e posição igualitária naquele ambiente. Ela sacrificou sua carreira e auxiliou o marido a criar a *persona* de grande escritor que ele tanto almejava. Joan assumiu, sem questionar, os valores culturais de sua época e, de alguma forma, para ela, Joe é quem merecia, como homem, ocupar o lugar de destaque – e ela, como mulher, não poderia suplantá-lo. Assim, a *persona* defensiva da esposa dedicada e abnegada – traços nitidamente ecoístas – foi se formando, reforçada pelos valores sociais dominantes da época.

A proposta inicial de transformar o texto de Joe constituiu uma saída com a possibilidade criativa de dar vasão à imaginação e à habilidade de Joan. Entretanto, na medida em que ela colocou sua criatividade e sua sensibilidade a serviço do ego narcisista do marido, transformou-se em uma escritora-fantasma, alguém sem identidade própria. Passou a viver para a manutenção da *persona* do marido e se recolheu a um papel secundário, cuidando de vários aspectos que garantiam o bem-estar dele.

Uma cena marcante do filme escancara Eco constelada em Joan. O casal está na cerimônia de premiação e, ao ser questionada sobre seu trabalho, a esposa responde: "*I'm a king maker*" ("Eu faço reis").

O Prêmio Nobel parece ter sido o símbolo capaz de abalar a consciência de Joan, gerando nela a necessidade de reorganizar sua dinâmica psíquica. O anúncio de que Joe fora indicado, seguido da comemoração – que, em vez de "Nós seremos publicados!", como no primeiro livro, foi "Eu ganhei o Nobel" –, provocou o desconforto que iniciou uma grande crise na esposa. Aos poucos, ela foi se apropriando de seus ressentimentos e mal-estares. Diferentemente de Eco, ela se abriu para seu mundo interno e, tendo se tornado consciente do aprisionamento em que vivia, vislumbrou a ruptura da simbiose. Joe manteve-se rigidamente identificado com a *persona* de talentoso escritor e – assim como Narciso não suporta que Eco exista como um outro, pois isso comprometeria seu ser – não suportou a ameaça de rompimento do acordo secreto, pois isso faria desmoronar sua *persona* (sólido eixo de sustentação de sua identidade narcísica) e, portanto, sua existência. Uma *persona* defensiva construída às custas de sua identidade e sustentada pela dinâmica que nega a existência do outro dificilmente suporta o desafio de quebrar o pacto da complementaridade. Nessa qualidade de relação, deparamos com o paradoxo do complementar que mantém cada um isolado.

UM CASO CLÍNICO

Chega ao consultório um casal que se constituiu há cinco anos. Ambos já haviam sido casados e tinham filhos – adultos e independentes – de casamentos anteriores.

O encontro entre eles aconteceu numa época em que buscavam experimentar os prazeres da vida. Entendiam que, até aquele momento, já tinham cumprido as tarefas e responsabilidades familiares. Queriam viajar, conhecer bons restaurantes, ir com mais frequência a eventos culturais etc.

Nos dois primeiros anos, essas expectativas se concretizaram, até que, num determinado momento, a mulher se deu conta de que a expectativa do marido era a de que ela estivesse sempre disponível e feliz em participar dos eventos dele – profissionais, familiares ou pessoais –, abrindo mão das próprias escolhas.

As demandas profissionais e familiares da esposa estavam sempre em segundo lugar. Essa era, no entanto, uma situação sentida e vivida por ela de forma velada. Até que, num determinado momento, ela comunicou ao marido que não poderia acompanhá-lo a uma viagem, por motivos profissionais. Então, uma crise se abriu entre eles: o marido se mostrou decepcionado e frustrado, lembrando à esposa que não era isso que esperava do casamento. Esperava sempre ser a prioridade.

Quando chegaram à terapia, a esposa, após relatar o conflito que desencadeara um descompasso nas expectativas da relação, disse: "Essa situação criou um abismo entre nós e eu me dei conta de que não sei como atravessá-lo [...]". A tomada de consciência não garante os meios para lidar com a situação.

Poderíamos olhar por diferentes ângulos, mas escolhemos a lente de Eco e Narciso, sobretudo porque o marido se mostrava bastante intransigente com as demandas da esposa, e ela sempre mencionava sua dificuldade de fazer valer seus quereres e suas necessidades nessa relação, sentindo-se muito ameaçada de perder a possibilidade de existir nesse relacionamento caso frustrasse as expectativas do marido.

Nesse caso, pareceu-nos relevante considerar a seguinte pergunta: como a ideia inicial de interação e compartilhamento vai se transformando, por vezes à custa de dores, em um abismo a ser atravessado?

Como sabemos, muitos relacionamentos se iniciam com expectativas idealizadas e romanceadas, que nem sempre serão correspondidas. Em alguns casos, deverão ser reajustadas e renegociadas a partir da realidade que se manifesta ou se impõe; em outros, essa negociação se transforma num conflito ou impasse, que muitas vezes revela a impossibilidade de um existir sem estar enganchado no outro.

ALGUMAS CONSIDERAÇÕES

Eco e Narciso consistem em dinâmicas psíquicas que podem se desenvolver tanto no psiquismo de homens como no de mulheres. Existem homens e mulheres ecoístas, assim como existem homens e mulheres narcisistas. A rigor, uma pessoa tem em si algo de cada uma dessas características. "Ecoar" e "narcisar" constituem duas importantes funções estruturantes do ego e podem adquirir caráter criativo ou defensivo na dinâmica psíquica. Curiosamente, o filme sugere a complementaridade do par de opostos Eco-Narciso inclusive no jogo de palavras dos nomes Joe e Joan e na autoria das obras.

Uma pessoa cujo funcionamento psíquico é dominantemente ecoísta reconhece a si mesma através do outro. Dessa perspectiva, estar em uma relação significa assumir simbioticamente as qualidades daquele com quem ela se relaciona. Nesse sentido, dedicar-se a ele representa incorporar essas qualidades em sua personalidade.

Ao depararmos com um casal que apresenta essa dinâmica, a partir da posição de Eco, percebemos uma construção que, muitas vezes, leva ao ressentimento, ao isolamento e à solidão. O mito apenas destaca a impossibilidade do encontro. Já no caso das duas esposas – a do filme e a do caso clínico –, seu ressentimento é enfatizado.

Diante de um casal que traz, como parte do seu conflito, dores e ressentimentos oriundos da vivência de realização de um e de não realização do outro – como o casal do filme e o do caso clínico relatado –, surge a seguinte pergunta: em que momento e em nome de que essa configuração se estabeleceu?

De acordo com Jung (1988, §326), "para tornar-me consciente de mim mesmo, devo poder distinguir-me dos outros. Apenas onde existe essa distinção pode aparecer um relacionamento". Desse modo, é preciso considerar que a possibilidade de existir num relacionamento pode ser indicada por meio da presença e da consciência dos desejos, quereres e necessidades individuais.

Com o filme, percorremos um trajeto longo, preenchido de fatos, afetos e sentimentos ambivalentes. De início somos colocados diante de uma vida construída a partir de sonhos e ideais que parecem entrelaçados e complementares. No entanto, o que vai se revelando é uma vida que se perde, visto que se distancia dos seus verdadeiros anseios pessoais. Os caminhos de Joe e Joan não eram paralelos, mas sim entranhados de um jeito tal que só o marido aparecia como escritor. Melhor seria se fossem paralelos: dois escritores, cada um seguindo sua carreira, com estímulo recíproco. O que se separou, nesse caso, não foram dois caminhos; abalou-se a simbiose que consistia num caminho único, com duas personalidades bastante indiscriminadas uma da outra. Isso abriu uma distância que não precisava consistir numa separação efetiva entre os dois caminhos – ou na morte de Joe. Essa distância também foi relatada pela esposa do caso apresentado.

Joan se exilou dos próprios desejos, dos seus sonhos, e o preço pago por esse distanciamento parece ter sido o ressentimento, que foi crescendo de maneira invisível e silenciosa e, no caso dela, manifestou-se, ao final, como um ímpeto irrefutável de separação. O ressentimento – que segundo Maria Rita Kehl (2004) designa uma constelação de afetos negativos (raiva, inveja, amargura, decepção) – no relacionamento conjugal é algo que vai minando e corroendo os alicerces da relação, de forma que, quando se estabelece, pode reavivar de maneira recorrente as dores vividas e não expressadas, tal como ocorreu com o casal de pacientes e com o do filme. Em sua origem, o ressentimento nasce como uma submissão voluntária que, para não ser reconhecida, transforma-se em acusação permanente, ainda que velada, de um ao outro.

Muitas vezes, a ideia inicial de união se dá de maneira ingênua e projetiva, sem considerar os esforços e muitos conflitos que deverão surgir para que cada individualidade no relacionamento encontre expressão e, ao mesmo tempo, interação.

Patrícia Berry (1982) descreve Eco de uma ótica positiva, indicando que o seu impulso é ecoar os vazios nos quais há muitas possibilidades de ressonância. Na visão da autora, ao repetir as palavras, Eco traz à tona as possibilidades criativas que elas contêm. "Existe um processo de reelaboração através da repetição e uma necessidade profunda que deseja aparecer e ser conhecida" (Cavalcante, 1997 p. 57). Para Berry, ecoar devolve para o outro a sua imagem.

O que vemos, nas três situações comentadas neste texto como exemplos da dinâmica de casal, são maneiras diferentes de lidar com a posição assumida na relação. Embora Eco e Joan tenham se mantido leais ao anseio pelo encontro até o fim, Joan conseguiu ouvir a própria voz e vislumbrar outro caminho para sua autorrealização, ainda que sem desfazer ou prejudicar a imagem do marido. Ela se abriu para seu mundo interno e, tendo se tornado consciente do aprisionamento em que vivia, vislumbrou a ruptura da simbiose enfrentando seus medos e inseguranças. Eco, por sua vez, parece sofrer uma grande transformação, ao tornar-se uma pedra. Já a esposa, no caso clínico, ressente-se, indigna-se e reivindica, por meio da terapia de casal, a equiparação das posições do casal.

Assim, embora com saídas e recursos diferentes para lidar com seus conflitos, cada casal ou parte dele deverá encontrar ou construir sua forma particular de enfrentar o imponderável que se coloca na equação do casamento.

REFERÊNCIAS

BERRY, P. *Echo's subtle body – Contributions to an archetypal psychology*. Dallas: Spring Publications, 1982.
_____. *O corpo sutil de Eco*. Petrópolis: Vozes, 2014.
BYINGTON, Carlos Amadeu Botelho. *Psicologia simbólica junguiana – A viagem de humanização do cosmos em busca da iluminação*. 2. ed. São Paulo: Linear B, 2015.
CAVALCANTE, Raissa. *O mito de Narciso – O herói da consciência*. 10. ed. São Paulo: Cultrix, 1997.
A ESPOSA. Direção: Björn Runge. 2018. Distribuído no Brasil por Pandora Filmes, 2019. Baseado no romance *The Wife*, de Meg Wolitzer.
JUNG, Carl Gustav. "O casamento como relacionamento psíquico". In: *O desenvolvimento da personalidade*. Petrópolis: Vozes, 1988 [1925]. (Obra Completa, v. 17.)
KEHL, Maria Rita. *Ressentimento*. São Paulo: Casa do Psicólogo, 2004.
MONTELLANO, Raquel Porto. "Narcisismo: considerações atuais". *Revista Junguiana*, São Paulo: Sociedade Brasileira de Psicologia Analítica, n. 14, 1996.
WENTH, Renata Cunha. *A dinâmica da personalidade de Eco*. Ensaio apresentado como requisito parcial para aprovação no Curso de Especialização em Psicologia Analítica da Pontifícia Universidade Católica do Paraná, 1995. Disponível em: <http://www.symbolon.com.br/artigos2.htm>. Acesso em: 24 jun. 2020.

BIBLIOGRAFIA COMPLEMENTAR

BENEDITO, Vanda Lucia Di Yorio. *Amor conjugal e terapia de casal – Uma abordagem arquetípica*. 2. ed. São Paulo: Summus, 1996.
_____. (org.) *Terapia de casal e de família na clínica junguiana – Teoria e prática*. São Paulo: Summus, 2015.
WHITMONT, Edward C. *O retorno da deusa*. São Paulo: Summus, 1991.

6
Corpo e toque na terapia individual e de casal: psicologia analítica e o trabalho de Pethö Sándor

Olga Maria Fontana

INTRODUÇÃO

Minha história pessoal com o trabalho corporal começou quando, aluna de Psicologia na Pontifícia Universidade Católica de São Paulo (PUC-SP), frequentei as aulas do professor Pethö Sándor[1] na cadeira de Psicologia Profunda.

Naquele tempo, Sándor era um professor muito enérgico. Quando entrava na sala de aula, um silêncio profundo se fazia, pois ele não admitia o mínimo barulho, fosse de conversa ou de um simples abrir de caderno. Éramos cinquenta alunos, todos em nossos vinte anos. Éramos barulhentos, brasileiros, e tínhamos um professor estrangeiro, um médico e psicólogo que trazia no currículo ter vivido a Segunda Guerra Mundial.

---

1 Pethö Sándor nasceu em 28 de abril de 1916, na Hungria. Em 1943, formou-se médico na Faculdade de Medicina de Budapeste. Trabalhou na Cruz Vermelha, nos campos de refugiados na Alemanha. Criou a técnica da calatonia naquele período. Chegou no Brasil em 14 de junho de 1949. Em São Paulo, desenvolveu diversas técnicas de trabalho corporal e foi pioneiro ao trabalhar em psicoterapia junguiana com abordagem corporal. Faleceu em 28 de fevereiro de 1992.

Um homem extremamente culto, que falava sobre temas que conhecíamos pouco. Foi ele quem nos introduziu Jung.

No quinto ano da graduação, tive a oportunidade de conhecer o trabalho corporal de Sándor mais de perto, quando participei de um grupo na casa dele. Ele nos apresentou a calatonia[2], sua técnica mais conhecida.

Vivenciar pela primeira vez a calatonia foi uma experiência marcante: para minha sorte, naquele dia Sándor resolveu fazer uma demonstração e fez o toque da cabeça em mim. Quando terminou, perguntou que sensações eu havia tido, e respondi, meio sem graça, que parecia que minha cabeça estava iluminada, uma luz forte tinha aparecido dentro dela. Ele apenas me olhou sem falar nada; senti que tinha sido fisgada pela força do inconsciente e que ali se abria um novo caminho para mim (é claro que só compreendi isso anos depois).

Sándor introduziu Jung e outros autores, em geral junguianos, na vida de quem estudou com ele; também nos apresentou o corpo por diversas perspectivas teóricas. Seu trabalho como psicoterapeuta era a combinação da teoria de Jung com o método de trabalho corporal que desenvolveu. Nos cursos que fiz com ele e mesmo nos grupos de estudo, Sándor proporcionava leituras não só de Jung, que ele mesmo traduzia do alemão, como também de teóricos que trabalharam com Jung. Além disso, nos adentrou nos mistérios das sutilezas do trabalho com o corpo, apresentando para nós, estudantes e recém-formados, o que havia de mais atual relativo ao corpo e ao trabalho corporal. Foram mais de vinte anos de

---

[2] "No original grego, o verbo 'khalaó' indica relaxação, mas também alimentação, afastar-se do estado de ira, fúria, violência, abrir uma porta, desatar as amarras de um odre, deixar ir, perdoar aos pais, retirar os véus etc." (Sándor, 1982).

aprendizado, nos quais pudemos exercitar o "ser terapeuta" na teoria e na prática: aprendemos a lidar com o corpo lendo sobre o assunto e, o que é ainda mais importante, vivenciando as técnicas corporais que aplicávamos uns nos outros.

A calatonia foi a primeira técnica que Sándor criou. Alguns anos depois surgiram a descompressão fracionada e, mais tarde, os toques sutis (Delmanto, 1997; Farah, 2016), entre outras. Sándor foi organizando seu pensamento, e as técnicas iam surgindo enquanto fazíamos os grupos com ele. O repertório de trabalho corporal que ele nos deixou é vastíssimo, e cada terapeuta que tenha conhecido e se submetido às técnicas acaba desenvolvendo um jeito próprio de utilizá-las.

Meu trabalho como psicoterapeuta é resultado dessa conversa entre a teoria de Carl Gustav Jung e o trabalho corporal que aprendi com Sándor. No meu consultório, o trabalho corporal está presente tanto nos atendimentos individuais quanto no atendimento de casais e famílias. Este texto é um relato de anos desta prática clínica.

POR QUE O CORPO?

> *Este é o fato – a psique é tanto um corpo vivo quanto o corpo é uma psique viva; é simplesmente a mesma coisa.*
> JUNG, 1935, p. 284

No corpo estão as marcas de todos os momentos que vivemos; nele estão impressos alegrias e tristezas, perdas e ganhos, amor e desamor. Ele contém nossa história, a que podemos lembrar e a de que não temos consciência.

Ao trabalhar com o corpo das pessoas, estamos tocando a história viva, vivente, de cada um. Nosso corpo não é apenas um feixe de músculos, veias e órgãos que funcionam perfeitamente, sem que percebamos como isto se dá. Ele não é só um corpo físico, mas também um corpo psíquico.

Trabalhar com o corpo das pessoas é tocar o mágico, o misterioso, o invisível. Ele é nossa casa nesta vida. Casa de nossa personalidade, casa de nossa alma. No corpo vivemos, no corpo morremos.

No corpo encontramos marcas de tudo que vivemos e foi significativo para nós. Lembranças da nossa infância aparecem de repente quando entramos em um lugar e sentimos um cheiro conhecido. Às vezes, lembramos de onde vem: pode ser da casa da avó, do perfume da barba do pai, do pomar da casa de infância. Outras vezes, fica aquela indagação em nossa mente: que cheiro conhecido é este? Em outros momentos, entramos numa casa pela primeira vez e, ao ver um canto da sala, temos a sensação de *déjà vu*. Mas como, se nunca estivemos ali?

No meu consultório, trabalhando com o corpo, quantas vezes ouvi coisas do tipo: "Senti uma dor na perna, bem na coxa, que ficou por uns instantes e passou". Ao ser questionado se tem alguma lembrança de aquela perna ter sofrido alguma coisa ao longo da vida, o paciente se surpreende e diz: "Nossa! Eu quebrei esta perna na infância, será que é isso?" E muitas vezes vem junto uma história que ainda não tinha aparecido na terapia. Nosso corpo registra, mas nem sempre conseguimos entender o que ele diz.

Recordo de uma menina de 13 anos, muito carente, que depois do relaxamento inventava uma sessão de abraços e saía feliz ao final, sem que se precisasse falar explicitamente sobre o assunto. Com o tempo, sua amorosidade foi aparecendo mais e mais na nossa relação e na sua vida. Em outra ocasião, um paciente que sentia muita angústia viu no relaxamento a imagem de pessoas conhecidas apertando seu pescoço. Era o início de sua percepção sobre as origens da sua angústia.

Estes são alguns exemplos do que é corpo psíquico: ao ser tocado, ao ser abordado com trabalho corporal, se revela de uma forma muito diferente de quando se pensa numa questão. Ali essa questão foi vivida, resgatada, participou do processo terapêutico. É o corpo em terapia!

POR QUE TOCAR O CORPO?

> *Quando você tocar alguém, não toque nunca um corpo. Não se esqueça de que você toca uma alma com toda sua história.*
> GRÄF DURCKHEIM *apud* LELOUP, 2001, p. 80

Os cinco sentidos, que estão presentes em todos os animais, em nós, humanos, se desenvolveram de modo distinto. Existe o ver e existe o olhar; existe o ouvir e o escutar; existe o cheirar e o aspirar; existe o saber e o saborear. Há também o tocar sinônimo de tatear, e o Tocar associado com o sentir, o perceber. Este Tocar está sempre relacionado ao corpo – não só ao corpo físico como também ao psíquico, que olha e percebe, observa; que cheira, respira e aspira; que ouve e escuta; que degusta e saboreia; que toca e Toca com suavidade.

O Toque aciona o corpo como um todo; o corpo físico e o corpo psíquico. Ao tocarmos o paciente, o maravilhoso corpo psíquico percebe, recebe e agradece. Tocar nos leva a tempos remotos como indivíduos e como espécie. Tocar nos leva ao pai e à mãe.

Nossa pele, assim como o sistema nervoso, são ambos originários da ectoderme. Assim, ao tocarmos a pele, estamos tocando o sistema nervoso. É a memória do corpo em ação.

> A consciência é, sobretudo, o produto da percepção e orientação no mundo externo, que provavelmente se localiza no cérebro, e sua origem seria ectodérmica. No tempo de nossos ancestrais, essa mesma consciência derivaria de um relacionamento sensorial da pele com o mundo exterior. (JUNG, 1972, p. 24)

O toque, nesse trabalho, é extremamente sutil e delicado. Aprendemos que quanto mais sutil, mais profundo é o seu efeito. Ao tocar a pele, estamos propondo ao paciente que se aquiete e perceba o corpo: suas tensões, suas queixas, seus sons, suas risadas, seus choros. Que se lembre, que remexa, que olhe novamente, que resgate e que esqueça. Que escolha o caminho a seguir, como e quando seguir. Tudo isso sem palavras nem interpretações. Apenas olhando, ouvindo e sentindo. Tocar liga o concreto ao sutil, aproxima a personalidade do *self*.

O trabalho corporal propõe ao paciente ir para dentro de si, com calma, devagar, à medida que a consciência vai se apagando e o inconsciente começa a aparecer. A presença do psicoterapeuta nesse momento dá a ele a segurança necessária embarcar nessa aventura.

A sensação de soltura vai levando o paciente a contatar sensações no corpo: peso, leveza, correntes elétricas que o perpassam; imagens, pequenas histórias; algumas ideias, sentimentos de raiva, amor, carinho, enfim, muitas sensações de diversos tipos podem se manifestar. Ou apenas uma calma tranquila, profunda: o silêncio.

Vale lembrar que, ao ser tocados, também pode aparecer o melhor em nós – como o aconchego de um colo amigo, o olhar de um ente querido, o cuidado que vivemos na infância.

POR QUE INTRODUZIR O TRABALHO CORPORAL NO PROCESSO PSICOTERAPÊUTICO?

> *O trabalho corporal prepara a pessoa para receber os impactos sem "desmontar". E para o contato com os dinamismos arquetípicos.*
> SÁNDOR *apud* PEDROSO HORTA *et al.*, 2012, p. 93

Pelas palavras, muitas vezes conseguimos nos esconder atrás de padrões conhecidos e que são muito bem justificados por nós mesmos. No corpo, tocamos o desconhecido, pois o inconsciente está "à flor da pele" e aparece por meio de sensações e sentimentos que não conseguimos controlar. Claro que para isso precisamos aprender a ouvir e decodificar o corpo. Essa é a tarefa do trabalho corporal.

Ao atender em terapia pacientes individuais, casais ou famílias, sempre temos a hora do trabalho corporal, seja calatonia ou toques sutis.

Trabalhar todos estes anos com calatonia me fez perceber que cada pessoa tem um jeito próprio de viver o trabalho corporal. Muitos ficam desconfiados e não conseguem permanecer quietos e de olhos fechados.

Algumas pessoas que me procuram para terapia já sabem que incluo o trabalho corporal nas sessões. Outras não fazem ideia disso, e é preciso esclarecer que, além da terapia verbal, que inclui trabalhar com sonhos, utilizo técnicas de relaxamento suaves. São toques muito delicados nos dedos dos pés, nas solas dos pés, no calcanhar e na panturrilha. Esse trabalho dura aproximadamente vinte minutos e tem como objetivo ajudar o paciente a aprender a relaxar, a contatar a calma e a saúde que se encontram dentro de cada um de nós e que a correria do dia a dia não nos deixa perceber. Proponho que o paciente passe pela experiência sem expectativas, apenas vivendo o processo, e depois podemos conversar sobre como ele se sentiu. O relaxamento é repetido a cada sessão e, aos poucos, o paciente vai se deixando levar.

Alguns, na primeira vez, têm certa dificuldade de deixar-se tocar. Muitos se incomodam porque os pés podem estar suados e malcheirosos, o que é muito comum. Na verdade, tudo isso fica em segundo plano quando o paciente começa a se beneficiar do processo, seja relaxando, tendo sensações, seja aproveitando a satisfação com a situação.

Aos poucos, ele se conscientiza da importância do corpo; começa a entender os sinais que aparecem. Percebe as tensões presentes no corpo – talvez como um peso excessivo nos membros superiores ou inferiores. Às vezes, sente frio. É comum ter vontade de rir ou de chorar. Sensação de peso no peito ou "bolo na garganta" também são constantemente relatados.

O mais importante é que, através do corpo, o paciente vai encontrando sua equação pessoal. Sabemos que cada um tem de encontrar o sentido da vida dentro de si. Muitas vezes, tentamos fazer isso de forma racional. Mas o corpo ajuda nessa busca, limpando caminhos bloqueados, fazendo uma verdadeira faxina interna. Quando o corpo trabalha junto, o resultado aparece mais rápido. O paciente começa a dormir melhor, a se lembrar mais de seus sonhos. A terapia fica mais criativa, caminha melhor.

> Todavia o corpo é também uma concretização, ou uma função, daquele algo desconhecido que produz tanto a psique quanto o corpo; a diferença que fazemos entre psique e corpo é artificial. Isto é feito em nome de uma melhor compreensão. Na realidade, não há nada além de um corpo vivo. (Jung, 1935, p. 284)

ALGUMAS REFLEXÕES

> *O trabalho corporal propicia a tomada de consciência e vitaliza a pessoa para suportar seu próprio processo.*
> Pedroso Horta et al., 2020, p. 224

O processo psicoterapêutico às vezes passa por um contato mais racional e, ao ficarmos apenas na comunicação não verbal, percebemos quanto as pessoas se defendem naqueles padrões em que estão habituadas e repetem palavras e assuntos, contando as mesmas histórias que já sabem de cor. No trabalho corporal, elas percebem que não conseguem controlar o que pode acontecer. Em geral se surpreendem com as imagens que aparecem e que com frequência resumem o que foi falado durante quase uma hora na sessão. Às vezes surgem lembranças de infância que estavam esquecidas e que esclarecem por si sós o momento que estão revivendo.

Dissolver tensões é um trabalho lento que conta, o tempo todo, com a consciência em ação. Sándor sempre nos lembrava de que não devíamos pensar em quebrar as tensões: "O que se quebra precisa ser consertado. No entanto, o que se dissolve, que é um processo lento, vai se transformando aos poucos".

Ao não interpretar o conteúdo que o paciente traz em resposta às perguntas "Como foi? Alguma observação?", nós lhe damos a tranquilidade de que vamos acolher suas observações e no máximo ampliar, com algum comentário positivo, seu olhar para o fato relatado. Se começamos a interpretar tudo que vem dele, o paciente pode se defender não querendo mais partilhar sua experiência de entrar em contato consigo mesmo. E o objetivo do trabalho é facilitar para ele esse contato.

No silêncio do corpo, vivenciando o processo, percebemos que algo se abre dentro de nós. Os pensamentos sempre aparecem, mas aos poucos os pacientes aprendem a deixá-los passar e a não se fixar neles. É assim que, aos poucos, nos preparamos para aquietar o Ego e percebermos os símbolos que emanam do *self*.

Pode parecer simples, mas não é; precisamos treinar nosso corpo e nossa psique para que tudo aconteça:

> O processo de individuação continua andando e, nesse caso, podemos aplicar certamente técnicas corpóreas junto com as técnicas verbais, das mais diversas formas. Estas poderão, em parte, fazer aquela faxina na área dos sentimentos, das percepções e das confusões cognitivas, que permitirá que o *self* tome conta, de modo mais patente, do eu. E assim possa encaminhar, atrair e conduzir

mais seguramente nesse trajeto que Jung chama de individuação e uma integração. (Pedroso Horta *et al.*, 2020, p. 24)

O TERAPEUTA

> *Há lugares de nós mesmos que não existem enquanto o amor não penetrar. Há lugares de nós mesmos que não podemos reconhecer enquanto o olhar do outro, com benevolência e sem julgamento, não reconhecer. É esse também o papel do terapeuta. Poder tudo escutar, poder escutar aquilo que não ousamos dizer à pessoa que nos é mais cara.*
> LELOUP, 2001, p. 78

O terapeuta aprende se submetendo ao trabalho corporal. Apenas aqueles que passam a conhecer o próprio corpo podem entender o corpo da outra pessoa. Como saber o que é um frio na barriga, se nunca sentiu isso em si mesmo? Apenas quem já sentiu angústia pode entender o que é a pressão no peito e aquele bolo na garganta. Trabalhar a si mesmo e conhecer sempre e cada vez mais o próprio corpo: estes, sim, são elementos importantes para se tornar terapeuta corporal.

> O psicoterapeuta deve ser uma *presença* que inspire a confiança do paciente. A formação e experiência pessoal do psicoterapeuta, que já vivenciou a eficiência desse trabalho e já verificou a sua atuação reorganizadora, é que possibilita essa atitude. A inexperiência e a falta de vivência interna do psicoterapeuta podem provocar dúvidas e ambivalências, que solapam este processo. (Pedroso Horta *et al.*, 2012)

Como terapeutas, aprendemos a relaxar com o paciente, de modo que o procedimento ajude aos dois. Nossa concentração e observação serão muito importantes.

Sándor sempre dizia para não termos medo nem nos assustarmos com os sintomas do paciente; por isso, nossa formação como terapeutas sempre incluiu aulas teóricas e práticas de anatomia, cinesiologia e experiência com os mais diversos trabalhos corporais. O livro de Pedroso Horta *et al.* (2020, p. 160) transcreve um trecho de uma de suas aulas sobre o tema:

> [...] com o trabalho psicoterápico, temos que desbloquear os trajetos bloqueados, temos que limpar os trajetos que se tornaram inviáveis. E precisamos, tanto fisicamente, como afetivamente, emotivamente e intelectualmente, fazer voltar o paciente às suas próprias raízes, não às nossas raízes, às *suas* próprias raízes.

A técnica da calatonia é usada desde o começo da terapia. Quando o paciente está habituado ao trabalho, podemos introduzir os toques sutis, que são toques ainda mais suaves nas mais diversas partes do corpo. Utilizamos sons de mantras, suspiros e sopros. Toques com a mão inteira ou com um ou dois dedos. Trabalhamos sobre os ossos e nas articulações, respeitando o corpo do paciente. Também podemos usar o toque sem contato, muito útil nas situações em que ele não pode ser tocado.

O trabalho com o corpo é sempre sutil e não deve passar de um ou dois toques por sessão. O objetivo é sensibilizar as pessoas para que aprendam a ouvir o próprio corpo.

O TRABALHO COM CASAIS

Os casais que vêm para a terapia estão com dificuldades no relacionamento. A conversa realizada nas primeiras sessões atualiza as questões a ser trabalhadas. Mostra o que precisa ser entendido. Interpreta o que está por aparecer. O trabalho corporal traz para a terapia algumas nuances do relacionamento que, em geral, são imperceptíveis no discurso do dia a dia.

No consultório, um toque que sempre utilizo é o toque do coração. Peço que os pacientes façam os toques, sem se preocupar com fazer bem ou fazer certo. Instruo-os a simplesmente passar pela experiência. No caso, os parceiros se sentam em banquinhos um atrás do outro. Peço que um deles envolva o outro com os braços e toque com as pontas dos dedos o centro do peito, com ambas as mãos. O toque é feito de olhos fechados, sendo muito leve e sutil.

Depois, peço que ambos observem seu corpo e deixem que faça os movimentos que queira fazer, passando pela experiência. Os dois ficam assim por um minuto a um minuto e meio. Então, aviso que podem soltar os braços e peço que observem seu corpo, ainda de olhos fechados. Depois de alguns segundos, eles podem abrir os olhos.

Ao utilizar os toques, peço que um faça no outro para que ambos passem pela experiência. No final proponho que observem seu corpo, seus pensamentos e sensações e que relatem as observações percebidas. Afinidades e diferenças aparecem nesse momento.

As observações são muito esclarecedoras para o terapeuta e para o casal:

"Quando ela me envolveu, senti a respiração dela muito perto. Foi gostoso, como há muito tempo não era."

"Quando a envolvi, pensei que ela podia descansar a cabeça no meu peito, mas não aconteceu."

"Ela me envolveu e eu quis me soltar no colo dela, mas não sei se ela gostaria."

"Quando toquei seu coração, comecei a sentir o meu coração batendo forte."

"Eu me soltei no colo dele e foi quentinho, gostoso."

"Ela me tocou e eu me senti preso em seus braços."

Outro toque que costumo usar com casais é o da coluna com coluna. Os pacientes sentam-se em dois banquinhos, de costas um para o outro e de olhos fechados. Peço que observem o corpo, mantendo uma distância pequena entre suas costas. Eles ficam alguns segundos observando a experiência. Em seguida, peço que se aproximem e permitam que a coluna de cada um toque na do outro. Eles voltam a se observar. Depois de um tempo nesse toque (no máximo um minuto), calmamente digo para se afastarem e novamente observarem seu corpo durante um tempo. Lentamente, peço que abram os olhos e pergunto sobre suas impressões.

Alguns comentários de casais, após o toque da coluna:

"Antes de encostar, estava tudo bem, mas a hora que encostou senti um peso."

"Encostar foi gostoso, mas você pediu para separar de novo e foi estranho."

"Foi bom sentir o calor, mas foi melhor voltar a sentir minha coluna só como minha. Me senti forte."

"Eu queria encostar mais, mas não sei se ele ia gostar..."

Como podemos notar, os comentários são reveladores. O casal percebe como está a intimidade deles: o que atrapalha, o que ajuda, sem falar muito. A sensação, diferente das palavras, fica impressa nos pacientes; eles a levam consigo e recorrem a ela quando querem descrever algum sentimento em sessões posteriores.

As experiências com toques proporcionam ao casal uma noção mais verdadeira de sua intimidade. Muitas vezes, reaproximam o casal. Outras, evidenciam um vácuo entre eles. Para eles, geralmente é lúdico, gostoso, uma brincadeira. Afinal, o casal já viveu bons momentos juntos. Tudo está lá, impresso no corpo. O inconsciente trabalha juntando e separando os conteúdos. E a consciência adquirida aos poucos vai mostrando o que pode estar a favor ou contra a relação.

É bom lembrar que pelas palavras podemos ferir e até alegrar o outro e a nós mesmos. Mas, pela sensação, percebemos nossos elos e emaranhamentos de forma sutil e verdadeira. O corpo fala e precisa ser ouvido.

O trabalho corporal é muito importante, pois o corpo se revela. Ao observar o casal se tocando ou vivenciando o exercício, o terapeuta tem oportunidade de ver a relação. No campo das palavras muitas vezes eles discutem e se agridem; por sua vez, o corpo mostra claramente como é a intimidade entre eles.

Às vezes, caem na gargalhada no meio de um toque e até se divertem com o desajeitamento um do outro. Nessas horas, podemos observar o casal lúdico, a brincadeira, o namoro – está tudo ali, vivo, e parecia adormecido. Mas também pode aparecer a dificuldade de estar juntos, a desconfiança que está presente entre eles.

O trabalho corporal é muito rico e pode salvar uma sessão emaranhada, onde tanto paciente quanto terapeuta parecem não saber como agir. Nesses momentos, a abordagem verbal parece que não dá mais conta, voltam as falas condicionadas, os padrões. Ao propor um toque, colocamos o casal e a nós mesmos no inusitado, tudo pode acontecer. É nessa hora que o toque surge como um terceiro ponto para o casal. Ele tira o foco do problema que estava em discussão e se propõe ao desconhecido. Então o corpo se expressa, fala, se comunica e, muitas vezes, uma saída começa a se esboçar.

Geralmente, os casais, mesmo os que começam meio desconfiados, acabam gostando e se beneficiando do trabalho com o corpo. Percebem que é simples, nada complicado, por vezes prazeroso; além disso, abre caminhos para futuras conversas dentro e fora das sessões.

O trabalho corporal com casais acontece de modo um pouco diferente do individual. Neste, o processo terapêutico fica evidente e podemos usar uma técnica mais longa, como a calatonia. Já com os casais, o objetivo é trabalhar o relacionamento. Assim, ao propor o trabalho corporal, muitas vezes a ideia é descobrir outro modo de o casal se perceber e se relacionar. O que aparece é o processo terapêutico da dupla. O que um não percebe no outro, tanto aspectos positivos como negativos. Aqui não caberia uma técnica mais longa. A intervenção é mais pontual. Por isso os toques sutis de Sándor são tão indicados. Trata-se de estímulos simples e breves que propiciam a vivência de sentimentos adormecidos que, ao aparecer, clareiam a relação. Tudo fica mais evidente.

Esta é uma adaptação do trabalho de Sándor a casais e famílias e até mesmo a grupos, quando queremos nos perceber de outra forma, enriquecendo a observação do outro e facilitando o contato consigo mesmo. A consciência aparece num sentimento, num suspiro, numa risada. E assim ajudamos a pessoa a perceber este maravilhoso aparato para o autoconhecimento: nosso corpo, nossa verdadeira casa nesta vida.

CONSIDERAÇÕES FINAIS

Trabalhar com o corpo é algo extremamente rico. O terapeuta experiente sabe que conta com o inusitado, com a surpresa, pois a cada sessão o paciente chega trazendo o que deve aparecer. Não adianta tentar antever o que vai acontecer. O ideal é ir sabendo que se trata de um mergulho no escuro.

Preparar uma sessão é sempre estudar muito, se conhecer sempre e cada dia um pouco mais. É saber que precisamos estar junto com o paciente. De olhos abertos para fora e para dentro de si. É contar com tudo que assimilamos dentro de nós. É saber que aprendemos com o paciente.

Durante o trabalho corporal, observamos e sentimos o clima – o do paciente e o nosso. Precisamos ter paciência, saber esperar. Confiar no trabalho feito com cuidado e com amor. Um amor feito de tempo, experiência e confiança. É saber que a construção da consciência é lenta, paulatina e se faz com paciência: cada um no seu tempo.

REFERÊNCIAS

DELMANTO, Suzana. *Toques sutis*. São Paulo: Summus, 1997.

JUNG, Carl Gustav. *Fundamentos de psicologia analítica*. Petrópolis: Vozes, 1972.
_____. *Seminário sobre Zarathustra*. Trad. do original alemão de Pethö Sándor. Mimeo, 1935.
LELOUP, Jean-Yves. *Além da luz e da sombra – Sobre o viver, o morrer e o ser*. Petrópolis: Vozes, 2001.
PEDROSO HORTA, Eliete Vilela *et al*. *Ensinamentos de um mestre – Pethö Sándor*. São Paulo: Edição do Autor, 2020.
_____. *Jung & Sándor – Trabalho corporal na psicologia analítica*. São Paulo: Vetor, 2012.
SÁNDOR, Pethö. *Técnicas de relaxamento*. São Paulo: Vetor, 1982.

7
O impacto da tecnologia no contexto do casal e da família

Andrea Castiel

A chegada do primeiro ser humano à Lua, em 1969, foi uma conquista científica e um espetáculo transmitido pelas TVs do mundo todo para um público de 650 milhões de pessoas, o equivalente a um quinto da população da Terra. Essa avassaladora audiência só foi ultrapassada em 1981, com a transmissão do casamento da princesa Diana e do príncipe Charles. A caminhada de Neil Armstrong (1930-2012) na Lua foi também o começo de uma nova era, marcada pela conectividade. Uma série de invenções que invadiram a vida cotidiana das famílias a partir dos anos 1970, como o videocassete, as transmissões via satélite, a internet e o celular, são derivadas das pesquisas da Nasa. Se hoje mães e pais se incomodam com filhos que não tiram os olhos do celular, é porque a conquista da Lua produziu uma corrida tecnológica que culminou na revolução digital.

Toda revolução traz um impacto profundo na dinâmica familiar e uma nova configuração à família. Com a Revolução Industrial, no final do século 18, nasceu a ideia de família que perdura até hoje. Foi a partir do trabalho nas fábricas e da migração do campo para as cidades que surgiu a família com pai, mãe e filhos vivendo sob o mesmo teto. Na Idade Média, a família tinha uma configuração ampliada, influenciada pela vida rural e a demanda de braços para o cultivo; moravam no mesmo local pais, filhos, avós e agregados, como os aprendizes das corporações de ofícios. A Revolução Industrial pôs fim a essa família composta de mais de uma descendência. O trabalho passou a ser feito fora de casa, nas grandes cidades. As inovações tecnológicas geraram novas necessidades e houve um aumento no consumo. Ao mesmo tempo, começou a surgir a noção de intimidade.

A Revolução Industrial teve um impacto profundo sobre a psique e o corpo ao afastá-los da natureza e colocá-los em sintonia com o ritmo das máquinas, com movimentos repetitivos que não existiam no antigo cotidiano, em jornadas de trabalho de catorze horas. O corpo virou uma mercadoria e passou a adoecer numa escala sem precedentes.

CORPO, MÁQUINA E PSIQUE

Os efeitos dos movimentos padronizados da indústria sobre o corpo começaram a ser alvo de ataques crescentes, cujo ápice se deu nos anos 1960. Um dos mais importantes pensadores da dança do século 20, Rudolf von Laban (1879-1958), foi um dos primeiros a contestar o corpo padronizado e a se preocupar com os efeitos do trabalho industrial sobre o corpo e a psique.

Na Inglaterra, em 1941, Laban tentou resolver questões práticas da linha de montagem. Com os homens nos campos de batalha na Segunda Guerra, o trabalho nas fábricas passou a ser feito quase exclusivamente por mulheres e crianças. Surgiram outros problemas além da repetição, e Laban usou seus conhecimentos de dança para tentar resolvê-los. As perguntas que o norteavam eram: como evitar que os movimentos provoquem fadiga muscular? Como fazer o trabalho dos homens com a força das mulheres?

Suas ideias eram norteadas por uma forma de resistência ao movimento padronizado. Num ato ético-político-estético e desejo de retorno à natureza, Laban buscou experiências corporais que devolvessem ao ser humano a diversidade de seu gesto, empobrecida pela máquina, para que pudesse reconquistar a singularidade: sua assinatura corporal. Ele fez importantes conexões entre o corpo e os aspectos psicológicos, que até então não haviam sido estudadas com profundidade. Para ele, a dança tinha como objetivo a integração do corpo e da psique, juntos, em movimento.

Como Laban, Carl Gustav Jung (1875-1961) também se interessava mais pela natureza humana do que pela tecnologia. No ensaio "Jung on modern technology" [Reflexões de Jung sobre a tecnologia moderna], Sue Mehrtens (2016) diz que Jung, em seus 86 anos, presenciou o avanço tecnológico, mas isso não significa que se sentisse otimista com as mudanças. Ele cresceu na Suíça, em uma família sem recursos. Quando criança, viveu numa casa iluminada pela lamparina, aquecida pela lareira e alimentada pelo fogão a lenha. Depois do casamento com Emma Jung (1882-1955), construíram uma casa com eletricidade, aquecimento central e encanamento. Jung só comprou um carro aos 54 anos, nunca foi ao cinema, não via televisão. Nunca voou de avião.

Na psicologia analítica de Jung, o movimento tem papel proeminente. Jung concebe a psique como um sistema dinâmico de interações entre consciente e inconsciente, que se ordenam em torno do *self*. Para ele, o corpo tem memória, e registra fatos que não estão mais presentes na consciência. A constituição do corpo interfere na psique, assim como a imagem corporal interfere na formação do ego e da personalidade. O ego realiza a mediação entre o mundo interno da psique e o mundo externo dos fatos objetivos, estruturando situações que possam nos ameaçar.

O movimento do corpo não segue o ritmo do avanço tecnológico. À medida que o intelecto se desenvolve, o ser humano se afasta do próprio corpo, do qual se lembra quando adoece. É a geração do culto à forma e à estética corporal, em detrimento da saúde. O homem contemporâneo foi perdendo a movimentação ampla e criativa, limitando-se a mover dois polegares para se comunicar.

A comunicação pela linguagem digital vem ganhando um espaço tão grande que parece ter se tornado mais importante do que a fala e, principalmente, a linguagem corporal. Uma consequência dessa limitação é o distanciamento nas relações intrapessoais e interpessoais. Os encontros presenciais parecem estar diminuindo, mesmo antes da pandemia da Covid-19, em 2020. É a era das ligações de WhatsApp com câmera, Skype ou Zoom. A comunicação presencial é eficaz porque conteúdos analógicos como o sorriso, o brilho nos olhos ou a disposição para ouvir dizem mais do que palavras escritas e mensagens de áudio.

A tecnologia é inevitável. Não se sabe se por desejo próprio ou por manipulação das grandes corporações, como

Google e Facebook, as pessoas sentem necessidade de passar cada vez mais tempo conectadas. No clicar do teclado uma pessoa agenda o jantar com o amigo pelo WhatsApp, busca o endereço do restaurante no Google Maps, entra na página do restaurante para ler o cardápio e fazer a reserva. Consulta a previsão do tempo para escolher a roupa, chama um táxi pelo aplicativo. Envia uma mensagem para o amigo para avisar que está chegando e outra para dizer que chegou. Durante o jantar, entre fotos e trocas de mensagens, os amigos conversam e comem pouco. Na hora de ir embora, chama o táxi pelo aplicativo. Quando chega em casa, envia mensagem para dizer que chegou e postam fotos com legendas de como o encontro foi incrível. Os celulares tornam-se a extensão do corpo e, em alguns casos, a pele que reveste o corpo, que reveste a alma.

A vida online requer aprendizados, pois tem regras próprias, nem todas explícitas. O mundo virtual tem atrações que não existem no cotidiano. As relações virtuais são menos arriscadas porque permitem o recurso do anonimato. Em uma conversa online, se algo fica desconfortável, é fácil desconectar-se sem explicações. Toda essa facilidade, no entanto, traz perdas, entre elas a capacidade de estabelecer relações de confiança. Na sociedade do descartável, o que impera é a desconfiança. O grupo, o anonimato e a relação virtual mudam o comportamento; as pessoas tornam-se ousadas, desinibidas, corajosas.

O psiquiatra junguiano Eduardo Szaniecki (2020) conta que, antes da internet, se um grupo de jovens cometesse alguma agressão na escola, o insulto terminava ali, sendo a repercussão local. Hoje, em função das redes sociais, a repercussão pode ser mundial. Acostumados com tais agressões, muitos jovens, depois, encontram-se com os agressores como se nada tivesse acontecido, o que não favorece a formação de pessoas.

As fronteiras entre o mundo real e o virtual estão cada vez mais tênues. Algumas pessoas têm uma tendência a desenvolver um "segundo eu", o eu virtual, idealizado, que compensaria um cotidiano maçante, trazendo gratificações, uma máscara, uma *persona defensiva* para ser aceitas pela sociedade. Segundo Jung, a *persona* é a maneira de se relacionar com os outros, articulando aspectos da psique coletiva e pessoal.

A *persona* é importante na medida em que dependemos dela em nossos relacionamentos no trabalho, entre amigos, na família. Ela auxilia a convivência em sociedade e transmite uma sensação de segurança, na medida em que cada um tenta desempenhar o papel esperado da melhor forma possível, consciente e inconscientemente. No sentido nefasto, da *persona* perfeita, há o perigo de a pessoa se identificar com o papel por ela desempenhado, enrijecendo-se numa personalidade unilateral, alienada, distanciando-se da própria natureza.

As tecnologias podem induzir a um ideal de vida que só existe nas redes. O mundo exterior, assim, passa a ser entediante ou hostil, como ilustra o caso clínico a seguir.

UM CASO CLÍNICO

Um casal me procurou no consultório com a queixa de que o filho de 11 anos estava se cortando nas coxas e nos braços. Os pais se conheceram numa clínica de emagrecimento. Ambos passaram por cirurgia bariátrica. O filho sempre esteve acima do peso. Passou por tratamentos para emagrecer, mas nenhum teve o resultado esperado. Na escola, era o "rejeitado" e sofria agressões pela sua aparência. Segundo os pais, o filho "fala pouco, tem poucos amigos, passa a maior parte do tempo jogando online". Ao notarem que o garoto era "craque" nos jogos, passaram a incentivá-lo. Sem que os pais soubessem, o filho criou uma identidade virtual: o "magro".

A dependência tecnológica aumentou e trouxe sérios prejuízos à vida do menino: no sono (dormia pouco por passar madrugadas jogando), nas refeições (pulava ou comia rápido para voltar a jogar), no rendimento escolar (notas baixas) e socialmente (deixou de frequentar a casa de amigos e parentes). A automutilação teve início no momento em que as angústias do filho cresceram, advindas do paradoxo contido em "quero me libertar dessa segunda pessoa dentro de mim" e, ao mesmo tempo, gostar mais dessa segunda pessoa do que de si mesmo.

Na primeira sessão com o filho, notei o seu discurso desorganizado e mesclado com dados reais e fictícios. Depois de intenso trabalho com diferentes profissionais e a escola, ele disse: "Hoje me sinto na realidade".

O ego frágil torna a pessoa submissa, suscetível ao *bullying*. Segundo Jung, quanto mais frágil o ego, mais conteúdos estarão na *sombra*, e há o risco de ele ser engolido pelo caos das imagens inconscientes. A *sombra*, segundo Jung, são os conteúdos que, não sendo possível assumir como de ordem pessoal, ficam reprimidos da consciência. Ao não os reconhecer em nós mesmos, os projetamos em outras pessoas. A *sombra* refere-se àqueles aspectos da personalidade tidos como positivos ou negativos que são rejeitados pela consciência e tendem a ser reprimidos pelo ego.

Jung enfatiza a importância da tomada de consciência dos conteúdos da *sombra* para o desenvolvimento da personalidade. Reconhecer esses aspectos negativos é uma das condições necessárias para o autoconhecimento. Ainda que seja dolorido, ao reconhecer aspectos sombrios e integrá-los à personalidade o indivíduo sente-se mais inteiro.

Jung afirma que a pessoa que não segue o seu caminho, o seu *processo de individuação*, torna-se doente, podendo a doença se expressar como um sintoma físico. Para a meta da *individuação*, é importante aprender a distinguir o que se parece ser para si mesmo do que se é para os outros. Jung segue dizendo que a *individuação* é tanto um processo interior, subjetivo, de integração, quanto um processo objetivo de relação com o outro.

"ESTAR JUNTO" NA ERA DA CONECTIVIDADE

À medida que a tecnologia se torna natural na vida, cresce a sua utilização, e a adesão muda o perfil da família. Essa guinada histórica transforma os relacionamentos e os comportamentos. Segundo Ansari (2016), no passado os casais se formavam por meio de familiares e amigos, ou na praça. Com a independência da mulher, econômica e emocional, os encontros se expandiram para outros setores. Hoje, com a falta de tempo, a violência e fatores econômicos, a formação de casais também acontece nas redes sociais. É o amor em tempos de Tinder. O Brasil é o segundo país que mais usa aplicativos de encontros amorosos (Ansari, 2016).

No consultório, observo que o modo como cada família usa a tecnologia reflete a sua dinâmica. É primordial entender como as famílias estão constituindo suas interações num mundo em que os membros se encontram cada vez menos. Percebo que há as que estreitam seus relacionamentos utilizando a tecnologia. Outras descuidam do vínculo com os mais próximos, enquanto algumas buscam encontrar o modo mais adequado de aproveitar a tecnologia de maneira saudável. O problema é que o contato exagerado com a tecnologia diminui o principal ingrediente do desenvolvimento humano, o afeto. É possível viver com pouca tecnologia, mas com poucos abraços é difícil. Quem ficou de quarentena na pandemia da Covid-19 sabe do que estou falando.

A dimensão dos afetos está associada à história da sociedade. Não existiria vida social se não fosse o afeto, peça basilar na mediação entre os homens. São os afetos que permitem a construção da existência humana: o desejo de estar junto, de ser reconhecido, de afetar e ser afetado.

Segundo Neumann (1991), no início do desenvolvimento, o ego da criança, ainda em formação, não tem contornos definidos. Até os 3 anos, para o desenvolvimento da linguagem, a criança precisa de interação presencial. A intimidade com o filho requer tempo. Para Neumann, o brincar com o corpo é fundamental para o desenvolvimento motor, social, emocional e cognitivo. No espaço lúdico, a criança desenvolve a psicomotricidade, as noções de tempo e espaço, o raciocínio lógico e abstrato, a atenção, a imaginação, cria hipóteses sobre a realidade. Ao brincar, ela desenvolve a noção de respeito por si e pelo outro. Neumann conclui dizendo que a autoimagem e a autoestima saem fortalecidas nesse processo.

Os pais se queixam, no consultório, de não saber lidar com a tecnologia no cotidiano dos filhos. Relatam que eles brincam cada vez menos em virtude de uma agenda lotada de atividades escolares e extracurriculares. Os próprios filhos reclamam dos excessos para os pais. Estes dizem que chegam cansados do trabalho, sem disposição para brincar, e que o comum é deixá-los em companhia da tecnologia. Reconhecem que não é a melhor escolha, mas não sabem como agir. A vida contemporânea não permite os tempos vazios. Chegamos a nos sentir mal por passar um tempo ocioso, o que é necessário para ativar a criatividade e a autoconsciência.

Atendi um casal cuja queixa era o distanciamento dos filhos. Diziam ter perdido espaço e tempo com os filhos, enquanto a tecnologia ganhava. "Parece que não há uma troca efetiva com os meus filhos. Os celulares estão sempre no meio da gente".

De acordo com os pais que atendo, seus filhos estão tão acostumados com os *gadgets* que não conseguem ficar sem esses estímulos. Se lhes tiram o *tablet* ou o celular, viram feras inquietas e irritadas.

Observo que o ambiente familiar se tornou um espaço em que pais e filhos estão fisicamente ligados, mas sem uma relação interpessoal profunda. Penso que com a diminuição do diálogo pode haver desequilíbrio nos valores sociais, pois o ambiente familiar é a primeira área de contato das crianças. Os pais auxiliam na formação da personalidade delas. Quando essa relação é frágil, a sociedade pode sofrer as consequências.

Pediatras e psicólogos aconselham que o bebê não tenha acesso à tecnologia antes dos 2 anos (ao celular, antes dos 12), pois nessa idade a criança está em pleno desenvolvimento, e ficar parada à frente das telas não favorece seus processos mentais e psicomotores. Indicam que crianças de 2 a 5 anos passem no máximo uma hora por dia e que o tempo de uso diário seja proporcional à idade e à etapa do desenvolvimento cerebral, cognitivo e psicossocial. Para que isso ocorra, os pais precisam dar o exemplo. Existem alternativas mais saudáveis, como a leitura de livros que incentivam a criatividade e aumentam o vocabulário e brincadeiras que envolvem o corpo e desenvolvem os cinco sentidos. O prejuízo que a tecnologia causa à infância não tem origem apenas no conteúdo, mas também no que a criança deixa de fazer quando está com um *tablet*.

A tecnologia tem inúmeros aspectos positivos: simplifica a vida, ajuda a manter conexão com o mundo e é fundamental para transmitir informações urgentes. Saber aproveitar seus benefícios e descartar os malefícios é uma habilidade que as crianças não costumam ter. O ideal é que elas a utilizem em companhia do adulto, que sabe que uma propaganda, por exemplo, não informa sobre a excelência do produto, mas acerca de sua existência.

Segundo Castells (2005), crianças excessivamente expostas à tecnologia se tornam menos tolerantes ao contato social. Podem ter prejuízos na capacidade de autorregulação e no desenvolvimento emocional. Ele fala da importância de os pais saberem o tempo que os filhos gastam com tecnologia e fazer acordos na tentativa de controlar o uso excessivo. Dessa forma, há uma maior possibilidade de a criança aprender a pensar, argumentar e raciocinar, e para isso os pais precisam fomentar outros interesses. A opção mais sensata não é a proibição, mas a negociação. A tecnologia pode ser inofensiva ou problemática, formadora ou deformadora, dependendo do seu uso.

Segundo relatos de casais, os pais nem sempre sabem o que se passa nas conversas de WhatsApp e Instagram dos filhos. Eles falam de compartilhamento de pornografia, imagens violentas, trocas de insultos preconceituosos, o *cyberbullying*. Tudo isso já existia, mas agora ficou mais difícil de ser supervisionado pelos pais. Nem todos os filhos têm autonomia para administrar o que acontece nos bate-papos virtuais. Ao acompanhar as conversas dos filhos, os ajudaremos em suas construções da autonomia moral.

O USO EXCESSIVO DE TECNOLOGIA E SUAS CONSEQUÊNCIAS

Fortim (2004) relata que as redes sociais são irresistíveis. A cada curtida o cérebro libera dopamina, o neurotransmissor que traz satisfação. Há, no entanto, um efeito paradoxal. Quanto maior o tempo de conectividade em redes sociais – ou quando passa o efeito da droga cibernética –, mais infeliz a pessoa pode ficar, em decorrência de inveja ou comparações, o que desencadeia sentimentos de inferioridade. Percebo que as questões que não estão em equilíbrio na vida real tendem a piorar na virtual. Fortim (2004) descreve que a mesma satisfação acontece com os games online: a pessoa ganha e quer jogar mais, compulsivamente. Estudos apontam que o efeito é similar ao de um dependente de drogas. A dependência tecnológica é um fenômeno global; estima-se que dez por cento dos jovens usuários de redes ou jogos online possam vir a ter algum problema em decorrência.

A dependência tecnológica é difícil de ser notada porque, diferentemente de outras dependências, é socialmente aceita.

Esse é um dos motivos pelos quais essas pessoas raramente buscam ajuda. Muitos pais, também nativos digitais, não enxergam os problemas que vão surgindo, como se tudo já fosse parte da rotina. O problema ocorre quando a tecnologia afeta as atividades centrais da vida, como as relações afetivas, o rendimento escolar, o desempenho profissional ou o sono. Em muitos casos, os comportamentos tidos como anormais pela sociedade podem parecer normais para aquela família, sendo difícil a aceitação de que algo não vai bem. Szaniecki (2020) relata que, além de mais precoces, os transtornos nas crianças e adolescentes estão mais complexos, pois há as *comorbidades* psicológicas que aparecem junto com a ansiedade, a depressão, a automutilação, os problemas alimentares, a agressividade, o isolamento social. Esses sintomas podem perdurar por muito tempo ou pela vida toda.

UM CASO CLÍNICO

Atendo um casal cuja noiva veio com a seguinte queixa sobre o noivo: "Ele não larga o celular! Vive nervoso, não come, não dorme, nunca está comigo. A gente não transa e ele foi demitido". Relata que a agressividade se intensifica quando lhe pede que desligue o celular ou quando ele passa tempo demais online: "Não saímos com os amigos porque ele não desliga o celular". O noivo diz perceber a sua dificuldade de autocontrole, quanto a tecnologia vem afetando a sua vida profissional e pessoal. "A gota d'água para eu buscar ajuda psicológica foi ele ter sido demitido por não entregar as demandas nas datas estipuladas, porque passa tempo demais online". Ao longo do processo terapêutico, ele foi reconhecendo a sua adição tecnológica – o casal não conhecia esse termo; quando o transtorno foi nomeado, o paciente sentiu-se aliviado por compreender seus sintomas. Atualmente ele está medicado por um psiquiatra, e o casal fez grandes progressos.

Nos últimos anos, segundo o Ministério da Saúde, houve um crescimento de 36% de internações hospitalares devido a transtornos mentais entre crianças a partir de 8 anos. Especialistas na área de saúde dizem que esse número é consequência do aumento de tentativas de suicídio, cujo motivo seria o uso abusivo das redes sociais. A cada criança internada há uma família traumatizada.

Será possível experimentar a plenitude do que chamamos corpo, psique e alma juntos? Para Jung (1953), o funcionamento inadequado da psique pode causar sérios prejuízos ao corpo, da mesma forma que, inversamente, um sofrimento corporal pode afetar a psique, pois a psique e o corpo não estão separados, mas são animados por uma mesma vida. Assim, é rara a doença corporal que não revele complicações psíquicas, mesmo que não seja causada psiquicamente.

Em 1973 a Universidade de Princeton, nos Estados Unidos, publicou *Letters*, livro com cartas que Jung escreveu. Destaco a de setembro de 1949 sobre tecnologia, destinada a um estudante de Zurique:

> A pergunta que você me faz, relativa ao efeito da tecnologia na psique humana, não é nada fácil de responder [...]. O problema é muito complicado.
> Como a tecnologia consiste em certos procedimentos inventados pelo homem, não é algo que de alguma forma esteja fora da esfera humana. Pode-se, portanto, supor que existem certos modos

de adaptação humana que atendem aos requisitos da tecnologia. As atividades tecnológicas consistem principalmente na repetição idêntica de procedimentos rítmicos. Isso corresponde ao padrão básico do trabalho primitivo, que nunca é realizado sem ritmo e um canto que o acompanha. O primitivo, isto é, o homem que é relativamente instintivo, pode suportar uma quantidade extraordinária de monotonia. Há até algo fascinante nisso [...]. Quando o trabalho é acompanhado por percussão, ele é capaz de se aquecer em êxtase; caso contrário, a monotonia da ação o faz cair em uma condição semi-inconsciente, o que não é desagradável. [...]

Em geral, [...] para o homem moderno, a tecnologia é um desequilíbrio que gera insatisfação com o trabalho ou com a vida. Afasta o homem de sua versatilidade natural de ação e, portanto, permite que muitos de seus instintos fiquem ociosos. O resultado é uma maior resistência ao trabalho em geral. O remédio seria presumivelmente mudar a indústria das nossas cidades, um dia de quatro horas e o resto do tempo gasto no trabalho agrícola na própria propriedade – se isso pudesse ser realizado. [...]

Considerada por seus próprios méritos, como uma atividade humana legítima, a tecnologia não é boa nem má, nem prejudicial nem inofensiva. Quer seja usada para o bem ou para o mal, depende inteiramente da própria atitude do homem, que por sua vez depende da tecnologia. O tecnólogo tem algo do mesmo problema que o operário da fábrica. Como ele lida principalmente com fatores mecânicos, há o risco de atrofiar suas outras capacidades mentais. Assim como uma dieta desequilibrada é prejudicial ao corpo, quaisquer desequilíbrios psíquicos têm efeitos prejudiciais a longo prazo e precisam ser compensados. [...]

A tecnologia não abriga mais perigos do que qualquer outra tendência no desenvolvimento da consciência humana. O perigo não está na tecnologia, mas nas possibilidades que aguardam descoberta. Sem dúvida, uma nova descoberta nunca será usada apenas para o bem, mas certamente também será usada para o mal. O homem, portanto, sempre corre o risco de descobrir algo que o destruirá se for usado mal. Chegamos muito perto disso com a bomba atômica. Diante de tais desenvolvimentos ameaçadores, é preciso perguntar-se se o homem está suficientemente equipado com razão para resistir à tentação de usá-los para fins destrutivos ou se sua constituição permitirá que ele seja levado à catástrofe. Esta é uma pergunta que somente a experiência pode responder.

A conclusão inescapável é que o uso sem critério da tecnologia afeta as relações familiares e sociais. Para mudar essa situação é necessário que haja um controle, sistemático, por parte dos pais e da sociedade. Isso é possível por meio do diálogo, da terapia, de campanhas nas escolas, no trabalho e nas comunidades. A mente humana é vulnerável.

Sabe-se que é impossível desligar-se do mundo digital. Mas acredito que a tecnologia pode ser um bálsamo ou um vício, uma maneira de bloquear as dores ao mesmo tempo que as cria. É preciso buscar o equilíbrio entre os momentos online e off-line e conhecer as armadilhas nas suas entrelinhas. Sem esses cuidados, a tecnologia pode ser fonte de grande sofrimento.

REFERÊNCIAS

ANSARI, Aziz. *Romance moderno – Uma investigação sobre relacionamentos na era digital*. São Paulo: Paralela, 2016.

FARAH, Rosa Maria. (org.) *A psicologia e informática – O ser humano diante das novas tecnologias*. São Paulo: Oficina do Livro, 2004.

FORTIM, Ivelise. Patologias relacionadas ao uso da informática – Usos abusivos da internet. In: FARAH, Rosa Maria. (org.). *Psicologia e informática – O ser humano diante das novas tecnologias*. São Paulo: Oficina do Livro, 2004.

JUNG, Carl G. "A Letter to the Zurich Student at the Federal Polytechnic Institute in Zurich, September 1949". In: *C.G. Jung Letters, vol. 1 – 1906-1950*. Org. de Gerhard Adler e Aniela Jaffé. Nova York: Routledge, 2015. Disponível em: <https://carljungdepthpsychologysite.blog/2020/02/17/carl-jung-letter-on-technology/>. Acesso em: 25 jun. 2021.

JUNG, Carl Gustav. *O desenvolvimento da personalidade*. 5. ed. Petrópolis: Vozes, 2011. (Obra Completa, v. 17.)

____. *Fundamentos de psicologia analítica*. 5. ed. Petrópolis: Vozes, 2011. (Obra Completa, v. 18.)

____. *A natureza da psique*. 5. ed. Petrópolis: Vozes, 2011. (Obra Completa, v. 8/2.)

LABAN, Rudolf. *Dança educativa moderna*. São Paulo: Ícone, 1990.

MEHRTENS, Susan. "Jung on Modern Technology". In: *C.G. Jung's Wisdom for Our Time*. CreateSpace, 2016. Disponível em: <https://jungiancenter.org/jung-modern-technology/#_ftn37>. Acesso em: 25 jun. 2021.

NEUMANN, Erich. *A criança*. São Paulo: Cultrix, 1991.

RAMOS, Denise Gimenez. *A psique do corpo – A dimensão simbólica da doença*. São Paulo: Summus, 2006.

SZANIECKI, Eduardo. "Quarentena agrava ansiedade, mas é alívio para algumas crianças". *Folha de S.Paulo*, São Paulo, 24 jul. 2020.

PARTE II

O casal nos diferentes ciclos da vida

8
Reflexões para uma clínica junguiana na perinatalidade e na parentalidade

Betânia Farias

> *Mãe é amor materno, é a minha vivência e o meu segredo.*
> Jung, 2008, §172

> *É a força do pai que dá segurança e encoraja a autoconfiança, assim como é a sua autoridade que ajuda a criança a descobrir seus limites.*
> Von der Heydt, 1979, p. 161

Este capítulo traz algumas reflexões sobre meu trabalho com mães, casais e famílias na perinatalidade. Optei por não aprofundar alguns temas importantes como parentalidade homossexual e corporeidade, que espero abordar em textos futuros. Acredito, no entanto, que por falar de seres humanos transmitirei um pouco do que considero importante sustentar na situação clínica.

Os temas da perinatalidade por vezes aparecem em processos de terapia já em andamento; outras vezes, a terapia se inicia a partir das questões perinatais. As queixas podem estar ligadas à amamentação, à adaptação do bebê em casa ou na creche, à avaliação em quadros de alteração emocional durante o puerpério. Ainda são as mulheres que mais buscam ajuda nesse período, mas, não raro, os homens têm se envolvido mais ativamente na dinâmica familiar, bem como no processo terapêutico.

Os atendimentos acontecem no consultório ou em domicílio, dependendo de cada situação. Apesar de muitos casos chegarem como dificuldades em algum aspecto da adaptação prática, as demandas do puerpério podem abrir questões mais profundas, que precisam ser acolhidas em uma psicoterapia mais longa.

No tocante ao atendimento psicológico domiciliar, existem particularidades concernentes ao próprio modelo de atendimento. Entrar no ambiente da família, presenciar seus hábitos corriqueiros, encontrar outras pessoas além do paciente, desviar-se de convites intimistas – tudo pode ser desafiador para o profissional. Essa ambiência psicoterapêutica vai se construindo na medida em que o *setting* ganha clareza para quem se propõe a fazê-lo, e se consolida quando essa clareza é transmitida para quem o contrata.

Onde quer que aconteça, o atendimento psicológico com um bebê presente exige algumas sutilezas. Vestimenta, cheiro, aproximação física, observação, escuta, interação corporal, intensidade e volume da voz – e até mesmo a prontidão para ajudar de forma prática – podem fazer diferença.

Penso que a chegada de um bebê traz algo único para cada indivíduo, e o acolhimento profissional necessita de uma espécie de permissão e autopermissão especiais, por assim dizer, dada a complexidade psicológica da situação. Como interferir em um momento tão importante, acolher singularidades, orientar fragilidades, incentivar competências e, ao mesmo tempo, cometer o menor grau de invalidação possível das individualidades ali presentes?

Quem trabalha na clínica psicológica por certo experimenta esses questionamentos, pois pacientes com outras demandas também provocam inquietações. Entretanto, quando falo da clínica perinatal, penso que aspectos como a força da parentalidade, a fragilidade e dependência fisiológica do bebê e o eterno mistério da vida que ele simboliza podem provocar nos pais, e em outros adultos, esse sentimento da necessidade de delicadeza, tal qual acontece no ato de tocar um bebê.

Essa atmosfera dinâmica, que comunica intensamente a interação psique-corpo e se evidencia diante de um bebê recém-nascido, pode advir do encontro humano com as imagens potentes dos arquétipos; daí sua inexplicabilidade ou sensação de algo pertencente a outros domínios. Diante dessa impressão, vale trazer uma referência de Jung (2008, §271) à força peculiar dos arquétipos. Segundo ele, "em momento algum devemos sucumbir à ilusão de que um arquétipo possa ser afinal explicado [...]" pois "[...] mesmo a melhor tentativa de explicação não passa de uma tradução mais ou menos bem-sucedida para outra linguagem metafórica" (Jung, 2008). O significado da vida humana, tão transcendente em presença de um bebê, reanima e inaugura muitas potências e fragilidades, e parece não existir uma linguagem precisa para defini-lo.

Com a chegada do bebê real, são fortemente manifestadas as imagens do arquétipo da criança. Ampliando as ideias de Jung acerca do complexo da criança, Mario Jacoby (2010) afirma que existem "[...] emoções, pensamentos, fantasias e impulsos, todos referentes a essa imagem da criança [...]", em todos os seres humanos. Esses elementos psicológicos podem ser considerados uma espécie de mediadores entre a criança real e a arquetípica. Para lidar com um bebê humano é necessário humanizar o arquétipo da criança. Isso significa que é com base nas próprias vivências com uma criança real que o adulto estrutura imagens reais sobre ser criança. Nas palavras de Jacoby (2010, p. 23),

> o motivo da criança, no seu simbolismo, deve, portanto, ser associado à imagem da criança concreta; e, sobretudo, com o sentido e o significado que a existência da criança pode ter na psique do adulto. Somente desse modo a experiência correspondente é capaz de ser expressa ou compreendida como uma imagem simbólica da criança.

Entendo que a imagem simbólica de criança resulte da soberania arquetípica que, na interação de cada pessoa consigo mesma, com o outro e com a própria potência arquetípica, se reatualiza em cada um que a experimenta. Essa é a experiência humanizadora dos arquétipos, que primeiramente deve acontecer no adulto e se traduz na construção dos significados parentais mediando a relação, os cuidados com o bebê e a autopercepção dos cuidadores.

Partindo dessa base, prestar acolhimento em perinatalidade requer um olhar atento para as necessidades de pais/mães e bebês reais, assim como o exercício simbólico com a imagem de criança que existe nos adultos (incluindo o terapeuta), pois a intensa atividade prática de cuidados pode negligenciar imagens fundamentais que trariam para os bebês e para os adultos a grande riqueza da experiência mútua. Para ajudar os adultos na tarefa prática e simbólica de cuidar dos filhos, é preciso adentrar com eles esse mundo da parentalidade.

A ENTRADA NO UNIVERSO DA MATERNIDADE E DA PATERNIDADE

A citação a seguir, da psicanalista americana Sue Gerhardt (2017, p. 13) trata da complexidade da vida humana desde o início da sua formação biológica:

> Uma nova vida pode nos pegar de surpresa. Nem sempre segue uma história linear previsível de um garoto que conhece uma garota, seu relacionamento fica estável, compram uma casa e começam uma família. Algumas gestações acontecem inesperadamente depois de uma noite de bebedeira, com um estranho que passa ou com um parceiro de quem você nem gosta mais. Como o amor, uma gestação pode acontecer quando você menos espera – ou depois de você ter tentado ter um bebê por tanto tempo que o simples pensamento relacionado à gravidez se torna uma decepção dolorosa constante. Embora seja mais fácil engravidar (e manter a gestação) em situações de nutrição abundante e bem-estar emocional, na prática, os cenários são tão diversos quanto as próprias pessoas.

A parentalidade observada de perto descortina diversas imagens que povoam o mundo interno adulto, mundo este construído a partir das vivências e fantasias infantis. Gerhardt (2017) enfatiza que os processos vivenciados pelos pais terão importância crucial na forma como estes receberão os filhos e lhes oferecerão afeto.

Do ponto de vista psíquico, as imagens que os adultos têm sobre a criança se manifestam neles antes mesmo de ter filhos. Podemos observá-las na forma como brincam, como acolhem os filhos dos amigos, nas piadas que fazem com histórias da própria infância, no modo como pensam temas relacionados à educação, e tantos outros exemplos. Contudo, parece que diante da maternidade e paternidade reais existe uma maior possibilidade de esses símbolos psíquicos se carregarem com total força. Nas palavras de Jung (2009, §212),

> são os filhos que, literalmente, forçam os pais a desempenhar o papel de pai e mãe, papel este que antes, devido à sua atitude infantil, só viam nos outros, numa tentativa de conservar para si todas as vantagens do papel de criança.

Uma pessoa sem filhos estaria, então, impedida de se conectar com a força de tais arquétipos ou mesmo protegida dos perigos de ser tomada por eles? A partir das leituras de analistas junguianos e do próprio Jung, não se trata de estreitar a visão de tal forma. Pode ser mais abrangente pensar que, no exercício de cuidar dos filhos, homens e mulheres vivenciam aspectos muito concretos dessa experiência, aspectos esses que deflagram a crueza, por assim dizer, dos arquétipos da criança, da paternidade e da maternidade, e também os complexos relacionados a eles. A vivência poderia, portanto, predispor os indivíduos a atingir o âmago dessas imagens em si mesmos.

Pessoas sensíveis que se dedicam aos cuidados de bebês também só podem constelar esses arquétipos a partir do cuidado? Eis um tema para reflexões futuras. Entretanto, independentemente de *status* civil, grau de parentesco ou parentalidade biológica, esses arquétipos fundantes que alicerçam a existência humana estão sempre em processo de individuação em qualquer pessoa.

Retornando ao tema, ouvir homens e mulheres sobre seus filhos, ou observá-los enquanto cuidam destes, mostra a relação entre o estilo parental e o afeto parental recebido. Seja por imitação ou diferenciação, o modo de cuidar de cada pessoa deflagra como todos são levados a dialogar ao longo da vida com seus pais humanos e com as imagens arquetípicas subjetivadas (Brandt, 1995).

Não raro, muitas das dificuldades encontradas pelos adultos no trato com seus bebês também foram vivenciadas por seus pais. Reeditar padrões familiares pode parecer, para alguns, clichê psicológico, mas não é nem um pouco desprezível para a compreensão clínica de certos casos. O grau de esclarecimento gerado ao revisitar a história familiar costuma ser libertador para alguns ou estreitar diversos laços familiares afrouxados pelo tempo (Brandt, 1995, cap. 11).

Como nem tudo é sofrimento, constrói-se a resiliência! Constituir-se pai e mãe passa por registros de acolhimento positivo dos próprios pais, de outros cuidadores ou até mesmo da natureza, como aponta Neumann (s.d.). Passa também pela ressignificação das imagos parentais e de si mesmos como filhos. Se a experiência for aproveitada positivamente, apesar dos conflitos, o processo resulta em experimentar a vida de um modo mais maduro, percebendo o mundo e as outras pessoas de forma multifacetada, porém integrada. Pais, cônjuges e os próprios filhos passam a ser vistos de maneira mais humana (Brandt, 1995, cap. 11).

Ao escrever sobre os aspectos positivos do complexo materno, Jung (2008, §172) alerta para a necessidade de humanização dos arquétipos:

> [...] a mãe é portadora daquela imagem inata em nós da *mater natura* e da *mater spiritualis*, da amplitude total da vida à qual somos confiados quando crianças, e ao mesmo tempo abandonados [...]. Nenhum complexo materno é resolvido reduzindo-o unilateralmente à mãe em sua medida humana; é preciso retificá-la de certa forma. Corre-se o risco dessa forma de decompor em átomos também a vivência da "mãe", destruindo assim um valor supremo e atirando fora a chave de ouro que uma boa fada havia colocado em nosso berço.

É importante que os pais recentes acolham as próprias histórias. Quando suas lembranças não são as mais felizes, eu os encorajo a buscar aceitar que seus pais/mães estiveram tentando aprender como viver esses papéis; equívocos e erros estão no pacote. Percebo que, sempre que é possível construir uma percepção mais integrada dos próprios genitores, aos poucos cada geração é liberada das armadilhas da literalização das falhas parentais. Em consequência, as relações se tornam mais positivas.

Costumo sugerir aos pais que observem, reflitam e se afinem à singularidade dos seus filhos. Mesmo no início da vida, ainda frágeis e dependentes, os bebês são dotados de traços próprios que muitas vezes fogem ao controle dos adultos e até das explicações científicas. Isso pode afligir os pais ansiosos por acertar. "Nem sempre você conseguirá acalmá-lo com facilidade", "Alguns bebês choram mais que outros", "Nem tudo é sua culpa", "Ele (bebê) tem vida própria" – às vezes é importante lembrar. Essas observações vão abrindo espaço para trabalhar a sensibilidade parental, tão necessária aos cuidados e ao desenvolvimento infantis (Farias, 2021).

Na clínica da parentalidade, pensar sempre em termos transgeracionais e arquetípicos ajuda nesse ir e vir da experiência atemporal de ser pai/mãe e filho/filha. Quando uma experiência de parentalidade é elaborada no campo das práticas transgeracionais e também no seu significado simbólico, o resultado geralmente é uma participação coletiva mais construtiva e criadora de novos sentidos. Agindo dessa forma, acredito que os pais ganham possibilidades de caminhar para uma experiência mais leve enquanto filhos e como cuidadores. Parece que todos saem ganhando (Brandt, 1995).

Muitas transformações pessoais podem advir das transformações que a parentalidade provoca. A forma como cada pessoa as vivenciará depende da sua organização emocional, da maneira como utilizará seus recursos psicológicos e das possibilidades que o entorno oferece.

A VIVÊNCIA DA PARENTALIDADE CONTEMPORÂNEA

As narrativas parentais, sejam em sessões individuais ou de casal, tornam mais claro o pensamento de Jung que enfatiza como os filhos forçam homens e mulheres a se desenvolverem por meio do exercício do papel parental. Isso parece acontecer até mesmo nas situações em que esse papel não pode ser cumprido a contento pelo adulto.

É importante saber que as famílias fazem *o possível*, o que às vezes é bem diferente do idealizado. Não compete ao psicólogo estabelecer o que cada família precisa vivenciar. Fortalecer arranjos possíveis pode ser mais construtivo do que condenar as saídas encontradas em cada situação, e quando o casal reconhece e valida o esforço um do outro, mesmo que existam falhas, percebem que a responsabilidade é conjunta.

As inquietações dos pais podem aparecer antes, durante e/ou depois da chegada do filho. Há muito em que pensar: a preparação do enxoval, os cuidados médicos, o tipo e o plano de parto, a participação paterna nele, a participação familiar nos cuidados, exposição ou isolamento social, formas de amamentação e de introdução alimentar, modelos educacionais diversos, uso de tecnologia, cuidados por terceiros etc. Encontramos tudo isso como fonte de conflitos familiares e conjugais na parentalidade atual, mas não apenas.

Antes do nascimento, o bebê é vivenciado por meio das fantasias e sentimentos, das imagens de ultrassonografia, das reações físicas. Ele já está presente fisicamente e ocupa um lugar no imaginário familiar, o que pode gerar toda sorte de movimento, conflito ou intriga. Talvez as discussões familiares se concentrem mais na gestante e nas demandas de gestar. Paparicos para a futura mamãe? Pode ser! Ou, talvez, o bebê já tenha tanto espaço que a mulher deixe de ser vista, passando a se sentir desconsiderada.

É comum ouvir o incômodo das mulheres diante do excesso de proximidade das pessoas com sua barriga, das carícias sem permissão e dos conselhos não solicitados. Não é possível dizer que todas rejeitem isso e nem considerar invasivos todos os olhares e palavras dirigidas a uma gestante. Contudo, é certo que nem todas estão abertas a – ou desejosas de – tais gestos.

Durante o ciclo perinatal, o corpo feminino é um tema sempre presente para as mulheres. Alvo de admiração, especulação e endeusamento. Temas como exposição, saúde feminina, intervenções médicas, sexo e sexualidade, troca de carinho e afeto e participação de profissionais de diversas áreas são parte das conversas durante a gestação. Afastamento ou maior intimidade entre o casal mostram-se bastante comuns nesse período (Moreira, 1997). Os exemplos a seguir trazem recortes de situações frequentes.

ALGUNS CASOS CLÍNICOS

Um casal nas últimas semanas da gestação entra no meu consultório, e com expressão de cumplicidade o marido diz: "Estamos escondendo dos nossos pais que o quarto já está pronto. Desde as primeiras ultrassonografias eles querem falar com quem se parece, o que acham que ele terá de cada um de nós... parece uma disputa. Estamos tão conectados! Não queremos que eles se intrometam na nossa imaginação".

A fantasia deles naquele momento era a de que as expectativas familiares e as projeções dos avós interferissem e tirassem deles a liberdade de imaginar seu bebê, levando-os a perder a conexão entre si e com o filho.

Uma mulher de 28 anos, primigesta com oito semanas de gestação, veio para atendimento e, já na porta, antes de entrarmos para a sessão, disse: "Sabe qual é a minha maior angústia neste momento? Não sei se quero todos opinando sobre meus próximos passos. Parece que não posso fazer mais nada sem pedir a opinião dos outros".

Na ansiedade, essa mulher temia perder sua identidade e o direito de escolha, uma vez que carregava uma vida que não dizia respeito só a ela. Isso pôde ser trabalhado na terapia durante os meses que se seguiram, e ela foi descobrindo mudanças em muitas de suas identificações e a importância da parceria com o companheiro e os familiares.

Temas como redes sociais e a variedade de profissionais envolvidos na perinatalidade também são comuns nos conflitos familiares. Uma mulher primigesta na segunda semana de gestação, em sua primeira sessão de terapia, perguntou se deveria ignorar o posicionamento de seus familiares e fazer um blogue com a história de sua gravidez. Problematizar com ela o significado por trás dos relatos que iriam para o blogue e o real conflito com a família foi fundamental naquele momento.

No que se refere à postura profissional, é importante não fragilizar o significado da experiência pessoal da mulher/família em nome de crenças próprias, não incentivar – sem critério – o distanciamento familiar e o abandono de hábitos estruturantes; isso favorece sentimentos de desamparo na ausência de figuras de confiança e, em certas situações, pode predispor a quadros clínicos como ansiedade e depressão pós--parto. Os profissionais também precisam ser sensíveis e críticos com sua atuação.

Em relação à participação do homem, é cada vez mais comum seu envolvimento no processo gestacional, e, mesmo quando esse envolvimento não é perceptível a um observador, internamente pode acontecer uma infinidade de questionamentos sobre seu papel durante a gestação e depois do nascimento do bebê. Em qualquer pessoa, os processos psicológicos internos certamente aparecerão nas suas predisposições externas. Não seria diferente com as gestantes e tampouco com seus(uas) companheiros(as) (Moreira, 1997).

Na minha prática, observo que alguns homens carregam conflitos em relação à gestação e à parentalidade que geram tantos descompassos quanto as ansiedades maternas. Bem mais do que é falado nos grupos e debates sobre parentalidade (fato que já tem mudado com os grupos de acolhimento para homens), os aspectos psicológicos conflitantes no homem podem levá-lo a distanciamentos muitas vezes incapacitantes para as funções da parentalidade. O impacto desses conflitos comumente aparece na relação conjugal; outras vezes – mais traumático, talvez –, surge na relação truncada com o filho (Von Der Heydt, 1979).

Com os questionamentos emergentes, não se trata apenas de chamar um ou outro para ocupar seu papel, mas de abrir possibilidades para que homens e mulheres deem espaço um ao outro, participem ativamente da vida prática e afetiva e das decisões da família. Também é necessário problematizar que nem sempre é por negligência que os homens ficam de fora das demandas da casa ou da criança. O diálogo, a validação dos limites e das competências e a observação da necessidade de cooperação precisam ser atitudes de homens e mulheres, concomitantemente, em um verdadeiro exercício de coparentalidade.

O caminho, acredito, não é transformar a discussão em uma guerra ou disputa, mas sim validar homens e mulheres para que se desenvolvam como parceiros na conjugalidade, na parentalidade e na singularidade. Trabalhar esse tema na clínica é tão rico quanto desafiador.

O ATENDIMENTO CLÍNICO

Cada pessoa se encontra em um tempo psicológico e, ao passar por certos fatos da vida, comumente essas camadas simbólicas se entrecruzam. Seja para pensar o bebê ou os seus pais, o trecho de Neumann (s.d., p. 49), citado a seguir, esclarece e contribui para um olhar caso a caso:

> No desenvolvimento individual, e talvez também no coletivo, essas camadas não estão umas sobre as outras num arranjo ordenado, mas, tal como na estratificação geológica da terra, camadas remotas podem estar deslocadas para cima e camadas mais recentes, para baixo.

Essa sobreposição de camadas faz que as pessoas, não importa o nível socioeconômico ou cultural, a orientação sexual etc., ativem as mais diversas emoções diante da questão de ter – ou não ter – um filho, ou mesmo quando ele já é nascido.

Algumas pessoas buscam atendimento já na preparação ou tentativa de engravidar. Nessa fase, é fundamental abordar questões de saúde fisiológica, aspectos que favorecem ou dificultam uma gestação (modos de parentalidade e fertilização podem aparecer), o estilo de vida, as relações amorosas, o corpo, dentre outros; e sempre trabalhar questões relacionadas ao desejo, ao lugar do filho ideal e do bebê real. Ao longo do processo, algumas perguntas vão surgindo naturalmente e outras precisam ser colocadas pelo terapeuta.

Durante a gestação, são comuns os temas de alianças e conflitos familiares e conjugais, expectativas e fantasias sobre o bebê, questões dos filhos mais velhos, alterações físicas, neuro-hormonais e emocionais, além de toda a gama de demandas da chegada do bebê.

Nas famílias com recém-nascidos existe um fator de urgência: assegurar que o bebê receba os cuidados que garantirão sua existência. Nesse momento, há que pensar a amamentação, os cuidados práticos, a saúde geral do bebê, aspectos de desenvolvimento típico ou atípico, por exemplo. Além disso, é preciso dar importância ao cuidado emocional com os pais, especialmente a lactante, que, na nossa cultura, é também quem se encarrega da maioria dos cuidados com o bebê.

Não há como garantir, e menos ainda exigir, que adultos já tenham atingido, ao nascimento de um filho, a maturidade psicológica que permita o acolhimento das necessidades do bebê da forma que ele precisa; o filho pode chegar em momentos complicados da vida (Gerhardt, 2017). Entretanto, sem cuidadores disponíveis e responsivos, o bebê perderia uma fonte importante de elementos indispensáveis para seu desenvolvimento físico e psicossocial (Farias, 2021). Espera-se, no geral, que os pais tenham condições de acionar fatores internos de cuidado e proteção familiar, com ajuda da rede de apoio mais próxima.

Caso a caso, é fundamental atentar para a rede de apoio materna, observar sua adaptação à rotina e à nova configuração familiar, a condição clínica de recuperação do parto, possíveis sinais de exaustão, apatia ou inquietação. Também é importante observar a participação do(a) companheiro(a), seus comportamentos de comprometimento ou fuga da realidade familiar, preocupação excessiva com o trabalho ou com a segurança da família, pois estes são indicativos da sua saúde emocional, que deve ser considerada.

O adoecimento materno é um grande tema dentro da clínica perinatal. Como vimos, pode ser que o filho chegue muito antes de uma pessoa se tornar adulta (gravidez na adolescência) ou madura e íntima dela própria. Pode ser que chegue antes de os parceiros terem se constituído como casal. Quanto menos desenvolvidos os cuidadores, maiores os desafios de cuidar do filho.

Retomando a questão da atemporalidade psíquica, com o nascimento de um filho constelam-se outros nascimentos e até mesmo muitas mortes ocorridas ao longo da vida e com a própria experiência da parentalidade. É necessário cuidar da criança interior para cuidar de um filho. Citando diretamente Jung (2009, §286), "no adulto está oculta uma criança, uma criança eterna, algo ainda em formação e que jamais estará terminado, algo que precisará de cuidado permanente, de atenção e de educação".

Nesse processo de cuidar e educar um ser em desenvolvimento, após a adaptação inicial outras fases se sobrepõem: saída do puerpério, aspectos do sono infantil, desmame, fim da licença-maternidade, adoecimentos, ingresso na creche, retorno ao trabalho, retomada da intimidade do casal etc. São ganhos, perdas, lutos e novas etapas no desenvolvimento individual e familiar.

Em qualquer situação ou ambiente, o atendimento psicológico tem por objetivo desenvolver com cada pessoa suas competências adaptativas, sua conexão com a experiência emocional e a sensibilidade parental (Farias, 2021) para com o bebê. Para tal, podem-se desenvolver trabalhos psicoterápicos pontuais, breves, ou processos mais longos, dentro de uma terapia individual, de casal ou de família.

Não cabe ao psicoterapeuta decidir a modalidade ou o tipo de atendimento; no entanto, pode ser útil, a partir da sua avaliação, fazer sugestões considerando cada caso – este é sempre um acordo firmado com cada indivíduo ou casal. Dessa forma, em cada situação específica, é o conjunto dos fatores ambientais e psicológicos que fornecerá uma experiência mais ou menos desafiadora para a família – e que também exigirá mais da sensibilidade do terapeuta.

A experiência clínica e os estudos me mostram que o meu papel como psicóloga é auxiliar, na medida do possível, no acolhimento daquilo que se mostra no cenário intra e inter-relacional. Isso significa ajudar as famílias a identificar suas dificuldades e potenciais, construir apoio uns nos outros, nos grupos sociais e nos serviços profissionais disponíveis em cada contexto.

Caminhar clinicamente pelas narrativas da perinatalidade e parentalidade requer um olhar para as etapas da vida biopsicológica e social de cuidadores e bebês e também de seus antepassados. O fenômeno temporoespacial do nascimento biológico e os processos psicológicos nem sempre correspondem àquilo que se espera; acredito que exercitar a sensibilidade, a firmeza e a sutileza seja necessário para tocar algo dessa natureza.

REFERÊNCIAS

BRANDT, M. D. "Tornando-se pais – Famílias com filhos pequenos". In: CARTER, Beth; MCGOLDRICK, Monica. *As mudanças no ciclo de vida familiar – Uma estrutura para a terapia familiar*. 2. ed. Porto Alegre: Artmed, 1995. p. 206-21.

FARIAS, Maria Betânia de Lima. *Relação entre sensibilidade materna e qualidade do toque materno na interação mãe-bebê*. Dissertação (mestrado em Distúrbios do Desenvolvimento). São Paulo: Universidade Presbiteriana Mackenzie, 2021.

GERHARDT, Sue. *Por que o amor é importante – Como o afeto molda o cérebro do bebê*. 2. ed. Porto Alegre: Artmed, 2017.

JACOBY, Mario. *Psicoterapia junguiana e pesquisa contemporânea com crianças – Padrões básicos de intercâmbio emocional*. São Paulo: Paulus, 2010.

JUNG, Carl Gustav. *Os arquétipos e o inconsciente coletivo*. Petrópolis: Vozes, 2008. (Obra Completa, v. 9/1.)

_____. *O desenvolvimento da personalidade*. Petrópolis: Vozes, 2012. (Obra Completa, v. 17.)

MOREIRA, Maria Ignez Costa. *Gravidez e identidade do casal*. Rio de Janeiro: Record: Rosa dos Ventos, 1979.

NEUMANN, Erich. *História da origem da consciência*. São Paulo: Cultrix, s.d.

VON DER HEYDT, Vera. "O pai na psicoterapia". In: VITALE, Augusto *et al*. *Pais e mães – Seis estudos sobre o fundamento arquetípico da psicologia na família*. São Paulo: Símbolo, 1979.

9
Casal com filhos pequenos: como não se tornar cativo?

Deusa Rita Tardelli Robles
Isabel Cristina Ramos de Araújo
Maria Silvia Costa Pessoa

Os casais com filhos pequenos geralmente procuram terapia de casal com a queixa de má distribuição das tarefas domésticas e do cuidado com os filhos. Costumam vir quando já estão bem cansados e irritadiços um com o outro, tendo esgotado seus repertórios sobre a organização de tarefas diárias e cronogramas. Logo, essa demanda parece ser resultado de uma dinâmica disfuncional para a nova situação. Porém, a queixa trazida vem como um sintoma que aponta, como um símbolo, para questões mais amplas.

Uma criança pequena em casa exige grande tempo e cuidados constantes, trazendo cansaço físico e emocional e por vezes ameaçando a intimidade do casal, uma vez que desafia o *status quo* ao exigir, de quem até então havia sido filho, novas atitudes ao exercer o papel de pais. Os arquétipos matriarcal e patriarcal já estavam presentes no polo de ser cuidado, porém, nesse período, passam a ser invocados também no polo de cuidador.

Além disso, a presença de filhos pequenos em uma família envolve inúmeros e complexos fatores, como a disponibilidade interna e externa dos pais – estes contam com uma rede de apoio? Podemos ainda levantar outros fatores importantes a fim de ampliar nosso olhar para a complexidade desse momento. Existem filhos com necessidades especiais? Como os pais lidaram emocionalmente com a chegada do(s) filho(s) e a transformação da configuração familiar? Sentiram-se pressionados na função? Houve afastamento entre os cônjuges? Estas são questões importantes porque apontam para a tomada de consciência da complexidade dos diferentes ciclos de vida.

Num passado pouco distante, os papéis familiares eram rígidos e claramente definidos. Hoje, não existe um único modelo de casal e família. São várias as possibilidades de arranjos, o que não exclui os desafios de cada membro para se adaptar às exigências do ciclo vital.

Considerando o fluxo de ansiedade que costuma emergir quando da transição de ciclos de vida, sintomas e disfunções podem ocorrer na família. Carter e McGoldrick (1995, p. 11) consideram o fluxo de ansiedade nos eixos vertical e horizontal. No primeiro, os fatores estressores citados são: tabus, expectativas, rótulos e outros conflitos familiares intergeracionais; no segundo, temos: mudanças nos ciclos vitais, as quais podem ser previsíveis – como ampliação da família, ida para a escola, modificações na rotina, mudança de casa, distanciamento e proximidade entre os membros e outros – ou imprevisíveis – como mortes e doenças inesperadas, quebra financeira etc.

O estresse numa família costuma ser maior nos momentos de transição entre seus ciclos. Quanto mais bem elaborado cada ciclo, maior a possibilidade de lidar com as demandas recorrentes no ciclo atual, pois aquilo que não foi conscientizado poderá ser vivido sombriamente.

Jung (2009, §751) comenta a dificuldade humana de sair da postura infantil e se confrontar com os conflitos, a fim de se tornar consciente.

> [...] Cada um de nós espontaneamente evita encarar seus problemas, enquanto possível; não se deve mencioná-los, ou melhor ainda, nega-se sua existência. Queremos que nossa vida seja simples, segura e tranquila, e por isto os problemas são tabu. Queremos certezas e não dúvidas; queremos resultados e não experimentos, sem entretanto nos darmos conta de que as certezas só podem surgir através da dúvida, e os resultados através do experimento. Assim, a negação artificial dos problemas não gera a convicção; pelo contrário, para obtermos certeza e clareza, precisamos de uma consciência ampla e superior.

Numa família com filhos pequenos, a demanda de novas rotinas e vivências é grande, inclusive durante a noite, a fim de responder às necessidades e aflições que a criança apresente. Essa interação entre pais e filhos requer tempo e energia, o que poderá afetar a disposição de um cônjuge para com o outro. Isso, em si, talvez não seja um problema, desde que o casal se disponha a criar outras combinações. Quando a dupla não dá conta dessa tarefa, o conflito se instala.

Que essa fase é difícil já se sabe desde sempre, uma vez que a situação é nova e complexa para ambos, tanto para as mulheres como para os homens, que enfrentam dupla jornada e precisam desenvolver habilidades a fim de participar ativamente de demandas domésticas. Infelizmente, em muitas sociedades ainda não é assim. Isso vem mudando; porém, como toda mudança de dinâmica de consciência, traz complexidades que refletem o inconsciente coletivo cultural: culpa nas mães, expectativas irreais quanto ao mundo que as cerca e até mesmo cobranças agressivas camufladas.

Lidar criativamente com o compartilhamento de tarefas e com as intempéries dos ciclos vitais requer respeito de um parceiro pelo outro, como iguais, porém com competências diferentes, usando de suas preferências e/ou habilidades, confiando na capacidade e no estilo de cada um para o desempenho da tarefa.

> [...] o pré-requisito para a vitalidade, em um relacionamento íntimo entre adultos, está na soberania sobre a própria vida. A soberania, em um relacionamento íntimo, se baseia em um reconhecimento da interdependência, na reciprocidade baseada na confiança mútua, e não no domínio de uma pessoa por outra.
> A confiança recíproca baseia-se na experiência de sermos capazes de considerar as necessidades e as atitudes de outra pessoa como algo tão legítimo e valioso quanto nossas necessidades. (Young-Eisendrath, 1995, p. 88-90)

Este é o desafio: deixar nascer uma dinâmica na qual o desenvolvimento de novos papéis não enfraqueça o vínculo como casal vivido até então. Caso isso ocorra, que possam retomar a parceria, não com cobranças no sentido de dever, mas analisando os fatores envolvidos e a competência de cada um para desempenhar novas funções. É importante estabelecer as fronteiras entre parentalidade e conjugalidade, com o fortalecimento do vínculo conjugal.

Para isso serve a terapia, em que inúmeras questões podem ser abordadas, uma vez que esse ciclo de vida familiar de casais com filhos pequenos é cercado por conflitos gerados por mandatos familiares, culturais, educacionais, ideológicos e religiosos, bem como por questões concretas relativas à vida profissional dos pais, à educação dos filhos e a tantos outros temas pertinentes ao novo arranjo, que em si não parecem importantes mas, quando permanecem na sombra, saturam o vínculo conjugal. Nesse caso, será necessário um esforço, que a princípio é *contranatura*, para manter o compromisso de ter um espaço criativo para o casal (Ulanov, 1996).

Além de todo o desafio já enfrentado pelos casais nessa etapa da vida, a pandemia de Covid-19 – um estressor de fluxo de ansiedade horizontal – tem gerado conflitos, exaustão, inquietação, desequilíbrios emocionais, crises financeiras, afastamento social, inclusive da rede de apoio profissional ou familiar, medo e insegurança. Tudo isso pode tornar o ambiente insustentável, sendo necessária ajuda profissional. São lares que se tornaram também escolas e escritórios, tudo junto e misturado, onde todos os integrantes precisam de computadores, internet e um local adequado – e quase nunca isso é possível. Situações bem complexas têm sido relatadas e readequadas com criatividade e boa vontade, mas nem por isso de forma menos estressante.

Assim, considerando toda essa complexidade, um filho chega a um lar preestabelecido, onde os pais já construíram uma dinâmica conjugal própria, muitas vezes envolvendo questões psíquicas ou até mesmo psiquiátricas. Por vezes ocorrem dinâmicas disfuncionais, como numa relação fusionada e com pouco espaço para um elemento novo, ou numa caracterizada por narcisismo-ecoísmo, ou ainda numa em que ocorra abuso emocional e/ou físico e outras tantas maneiras que podem ser consteladas quando um casal se forma. A chegada dos filhos, além de toda complexidade que traz, pode também evidenciar ou potencializar problemas preexistentes. Os filhos, muitas vezes, não são em si um problema, mas absorvem e denunciam questões inconscientes presentes na relação (Galiás, 2021; Jung, 2006).

Além disso, os arquétipos parentais se constelam fortemente no casal quando estes se tornam pais: é um momento em que podem eclodir seus próprios complexos, levando-os a buscar um fazer diferente daquele dos pais ou ainda reeditar as próprias vivências, sejam de abandono, superproteção, grandes exigências e expectativas sobre os filhos, violência etc. Assim, muitos podem ser os complexos constelados por meio do vínculo entre pais e filhos.

Mas por que nem todo casal com filhos pequenos vive esse momento de forma tão conflitiva, uma vez que essas questões atingem a todos?

É que a vida constitui um contínuo senso de movimento e transformação, o que pede um olhar menos imediatista e limitado aos problemas dessa etapa e mais voltado à consciência de si e do outro. Desse modo, a tolerância e união entre o casal poderá ser restabelecida, disponibilizando recursos, direcionando-os para além dos complexos constelados, a fim de que a energia psíquica flua para a resolução dos conflitos e o fortalecimento da dinâmica conjugal-familiar.

Apesar dos desafios dessa etapa, filhos pequenos, que começam a ter vontade própria e quebram os padrões idealizados pela família, oferecem a oportunidade para que os pais lidem com o novo e o aceitem, olhando a todos de outras perspectivas, contribuindo assim para um relacionamento maduro, em que cada um possa se desenvolver segundo suas competências e incompetências, com um uso mínimo de rótulos um sobre o outro.

Portanto, o foco da análise não deve ser apenas o comportamento de cada parceiro ou a busca de estratégias para enfrentar a situação, mas sim a dinâmica relacional do casal, ajudando-os a refletir como parceiros para que sejam capazes de lidar com toda a complexidade que demandam os filhos pequenos sem que o "casal" saia de cena – perceber-se como pais e como par afetivo-sexual.

> [...] pois a psicoterapia não abrange apenas atritos de família, questões de amores infelizes e coisas semelhantes, mas também a questão geral de adaptação psicológica em si mesma, ou seja, a questão de saber que atitude devemos tomar, de um lado, diante dos homens e dos fatos e, de outro, diante de nós mesmos. (Jung, 2000, p. 21)

EROS E O ENCONTRO COM O OUTRO

Na fase de filhos pequenos, a dinâmica matriarcal fica aflorada e o papel de bons pais é sedutor, tanto para a identidade da família que estão formando como para si mesmos. É, ainda, fortalecido pela sociedade que os cerca, seja família, escola ou amigos. Tanto que buscam estar em companhias afins, como casais com filhos em idade semelhante, pais, avós, eventos escolares e outras situações em que essa dinâmica é reforçada. Assim, a energia fica canalizada na função parental, com o grande risco de torná-los cativos desse papel, muitas vezes minando a energia física e a psíquica necessárias para ativar a força de *eros*, o arquétipo da união.

Eros promove a importância e o significado do outro em nós, motivando o casal a construir vínculos e trocas significativas, a buscar espaço para uma comunicação efetiva. O encontro com o outro remete à imagem arquetípica da conjugalidade, que é a *coniunctio*. A conjunção dos opostos resulta da união dos elementos diversos de cada parceiro, preservando um espaço suficiente para que sejam casal, pais e indivíduos (Jung, 2008; Pessoa, 2016).

A palavra tem força e atua como símbolo. O que deixa de ser dito fica na sombra e o dito se estabelece fortemente – são os tais "bem dito" e "mal dito". Isso ocorre quando o casal já não consegue distinguir pensamentos e sentimentos próprios, descolados do par conjugal e do conflito pelo qual estão passando: "A principal causa de angústia nos relacionamentos íntimos e responsáveis é, na verdade, uma confusão básica entre saber exatamente o que está acontecendo na nossa própria cabeça e o que está acontecendo na cabeça do parceiro" (Zweig e Abrams, 2014, p. 95).

Os arquétipos de *anima* e *animus* que são ativados quando ocorre o encontro de um casal são permeados de projeções mútuas, tanto criativas quanto defensivas, que com o passar do tempo se tornam sombrias, interferindo nas motivações e vivências do dia a dia, ofuscando o campo da consciência conjugal (Alvarenga, 2017).

Salienta-se, então, a importância do trabalho com a sombra na terapia de casal. Sombra como aquilo que não se vê, mas está sempre presente; e é exatamente nela que o casal tropeça, sobretudo numa situação de estresse e descontrole, onde os aspectos sombrios de cada um são ativados.

Fica difícil para um casal, numa situação de pressão e muitas vezes caótica, em que a ordem é "educar os filhos", entrar em contato com seus desejos pessoais e ter intimidade com a própria sombra. É importante que se consiga abrir um espaço de "respiro"; para isso, faz-se necessária a empatia entre os cônjuges, de modo que haja espaço um para o outro e para ambos. É uma dança, um samba ou um rock em que ora se juntam, ora se soltam e se deixam entrar numa intimidade em que se permitem reconhecer os próprios desejos. "Descobrir que a união pode ser tão irredutível quanto a solidão. Descobrir que os dois precisam compartilhar, não só o que não conhecem um do outro, mas também o que não conhecem de si mesmos" (Zweig e Abrams, 2014, p. 100).

Como humanos, carregamos muitas questões sombrias que, num relacionamento íntimo, são expostas. Confrontarmo-nos com elas, em nós e no outro, é uma dura necessidade, pois só assim alcançaremos uma transformação que leve a uma relação amorosa, em vez de uma relação bélico-culposa. Tarefa muito difícil, quase impossível se ficarmos presos nos complexos que nos afetam ou nas projeções de todas as questões como pertencentes ao outro.

A dificuldade está em conseguir relevar quem errou ou por que errou e dirigir o foco para aquilo que está em jogo, que é a relação em si, não como algo que precisa ser consertado, mas que ambos querem construir ou reconstruir e que seja confortável para eles. Ter essa consciência só é possível quando se transcende a situação e se busca compreender as vivências pessoais, os complexos, os mandatos e as expectativas de cada um para, então, perdoar a si e ao outro em nossa natureza humana e seguir em frente.

Portanto, é importante nomear as pessoas, e não os papéis, para que essa identidade não "desbote". Não nos casamos com "papai e mamãe", mas com indivíduos. Os subsistemas coexistem em cada casal, independentemente de terem ou não filhos; porém o casal, enquanto encontro de duas pessoas, é um sistema que comporta vários papéis. A força do casal está nessa flexibilidade, abrindo espaço para uma interação na qual, a cada momento, diferentes papéis possam aparecer. É como olhar um caleidoscópio – diverso em movimentos, cores e formas. Olhar o casal vendo-os como pai e mãe, homem e mulher, profissionais, pessoas distintas, que precisam atender várias demandas da vida e não só o papel de pai e mãe, viabilizando assim recursos para enfrentar as diferentes situações da vida.

CONSIDERAÇÕES FINAIS

Os complexos não elaborados dos pais acabam por criar situações que engessam o movimento necessário para enfrentar os desafios desse ciclo de vida, dificultando que a dança conjugal se dê num ritmo cadenciado de passos a ser estabelecidos por eles, de acordo com a identidade de cada casal e desenvolvido unicamente por essa parceria (Araújo, 2014).

Um dos motes da terapia de casal também é ajudá-los a elaborar a aceitação de que esse momento é único, às vezes confuso e até desorganizado, mas vai passar, sendo ao mesmo tempo singular e abundante em suas possibilidades criativas. Novas combinações surgem da experiência de cada um (pai e mãe), acrescidas às necessidades da criança, que chega como um símbolo desconhecido e demanda a vivência do novo. Um símbolo que advém da tensão de opostos para essa nova configuração de "ser família".

Dinâmicas conjugais complementares em suas sombras, como simbióticas, narcísico-ecoicas, de abuso físico e psicológico, entre outras, dificultam a discriminação necessária para que se chegue ao *opus* alquímico do casal. É possível usar imagens alquímicas para auxiliar a visualização do trabalho psicoterapêutico nesse difícil ciclo de vida, em que casais com filhos pequenos podem, sim, aprender a lidar melhor com conflitos.

> É o casal podendo amar e conviver com seus outros internos, porque já os conhece e com o estranho, diferente de si, a quem um dia se juntou. Não mais aquele que idealizou. Não mais a projeção, sem reflexão, de seu *animus/anima*. A divisão entre trevas e luz [...] E assim, o artífice que trabalha num relacionamento amoroso vai, como o alquimista, calcinando, solvendo, separando e vendo a *opus* sendo delineada. (Robles, 2016, p. 59)

Fazendo referência à música "Quando as crianças saírem de férias", de Erasmo e Roberto, não é imprescindível tirar férias para viver o aspecto leve e divertido nesse conturbado ciclo de vida. As férias não precisam ser vividas como dicotomia do dia a dia, mas como uma continuidade desses momentos.

Filhos pequenos enchem a casa de bagunça, gritos, choro, perguntas inusitadas, pedidos inumeráveis, tarefas repetitivas que parecem não ter fim e, principalmente, de falta de tempo e energia. Mas também a enchem de novidades, descobertas, amigos, risadas e amor. De um amor espontâneo e tão verdadeiro que impulsiona os pais – esgotados, porém genuinamente entregues e não apenas "na função" – a retomar seu processo de individuação, a fim de se tornar não apenas um casal sobrevivente, mas um casal vivo, criativo, vivente.

REFERÊNCIAS

ALVARENGA, Maria Zelia de. (org.). *Anima-animus de todos os tempos*. São Paulo: Escuta, 2017.

ARAÚJO, Isabel Cristina R. *Da dança ao sandplay – Um possível caminho de individuação*. Monografia (aperfeiçoamento/especialização em Formação de Analistas). São Paulo: Sociedade Brasileira de Psicologia Analítica, 2014.

GALIÁS, Iraci. "Adoções: um olhar da psicologia analítica". In: BRANDÃO, Celia. (org.). *Família e identidade*. Curitiba: Appris, 2021.

JUNG, Carl Gustav. *A natureza da psique*. Petrópolis: Vozes, 2009. (Obra Completa, v. 8/2.)

_____. *Civilização em transição*. Petrópolis: Vozes, 2000. (Obra Completa, v. 10.)

_____. *O desenvolvimento da personalidade*. Petrópolis: Vozes, 2006. (Obra Completa, v. 17.)

_____.*Ab-reação, análise dos sonhos, transferência*. Petrópolis: Vozes, 2008. (Obra Completa, v. 16/2.)

McGOLDRICK, Monica. "As mulheres e o ciclo de vida familiar". In: CARTER, Betty; McGOLDRICK, Monica. *As mudanças no ciclo de vida familiar*. Porto Alegre: Artmed, 1995.

PESSOA, Maria Silvia C. "O tempo e a terapia junguiana de casal: reflexões". *Diálogos Junguianos*, Brasília, v. 1-2, 2016.

ROBLES, Deusa Rita Tardelli. *A conjugalidade como pedra e caminho para a individuação*. Monografia (aperfeiçoamento/especialização em Formação de Analistas.). São Paulo: Sociedade Brasileira de Psicologia Analítica, 2016.

SCARF, Maggie. "O encontro do oposto no parceiro conjugal". In: ZWEIG, Connie; ABRAMS, Jeremiah (orgs.). *Ao encontro da sombra*. São Paulo: Cultrix, 2014.

ULANOV, Ann Belford. "Coniunctio and marriage". In: *Psyche and family – Jungian application to family*. Illinois: Chiron Publications, 1996.

VENTURA, Michael. "A dança da sombra no palco do casamento". In: ZWEIG, Connie; ABRAMS, Jeremiah (orgs.). *Ao encontro da sombra*. São Paulo: Cultrix, 2014.

YOUNG-EISENDRATH, Polly. *Bruxas e heróis – Uma abordagem feminista na terapia junguiana de casais*. São Paulo: Summus, 1995.

10
Filhos adolescentes e pais na meia-idade: a dupla crise como oportunidade de desenvolvimento

Luciana Blumenthal

Depois de anos de trabalho atendendo sobretudo adolescentes e jovens adultos em abordagem junguiana, a prática foi deixando evidente que a psicoterapia individual esbarrava em conflitos que necessitavam de um olhar mais apurado para a família e as inter-relações entre seus membros. Depois de algum tempo em terapia, a ampliação de consciência da maioria dos jovens era evidente. No entanto, muitos se sentiam incapazes de comunicar suas percepções aos pais e irmãos; havia medo de frustrar os pais, sensação de impotência, papéis rigidamente cristalizados, dificuldades de comunicação e diversos outros conflitos.

Em minha prática como analista, os membros da família do paciente costumavam ser introduzidos no *setting* terapêutico por meio da mediação de conflitos específicos, em sessões isoladas.

As dificuldades eram trabalhadas pela promoção do diálogo entre os membros da família e pelo uso da técnica conhecida como *sandplay*[1], com a elaboração de cenas em conjunto. Pais, irmãs e irmãos eram chamados em momentos pontuais da terapia para uma ou duas sessões. Às vezes, voltavam meses depois para novas conversas. Era visível quanto essas intervenções, ainda que pontuais, mostravam-se capazes de abrir caminhos de comunicação entre as famílias e uma nova compreensão diante dos conflitos identificados.

De forma natural, ao longo do tempo, as relações de casal foram se tornando tema de terapias individuais e famílias passaram a procurar atendimento em consultório. A formação em terapia de casal e família, na Sociedade Brasileira de Psicologia Analítica, seguida da participação no Núcleo de Casal e Família com encontros semanais, foram a continuidade dessa jornada, que a cada dia é enriquecida por esse olhar.

Existem marcos no desenvolvimento humano que provocam crises naturais, por serem fases de grande transformação; uma das mais importantes é a entrada na adolescência. Minha experiência no atendimento de adolescentes e suas famílias tem demonstrado que existe uma crescente dificuldade de lidar com os conflitos e transformações inerentes a essa fase e suas repercussões no sistema familiar. Também casais têm chegado com conflitos relacionados à entrada na meia-idade e à adolescência dos filhos.

---

1 Técnica não verbal, utilizada em psicoterapias de orientação junguiana, na qual o paciente tem à sua disposição uma caixa de madeira de fundo azul, cheia de areia até a metade e diversas miniaturas. Escolhe-se livremente usar ou não as miniaturas e monta-se uma cena que pode ser compreendida como uma expressão de emoções, conflitos e imagens inconscientes. Na elaboração de cenas em conjunto, solicita-se que o paciente e os membros da família criem uma cena juntos, ou que um deles inicie a montagem e o outro acrescente o que desejar posteriormente. É um processo muito rico que permite observar o relacionamento entre as pessoas envolvidas, tanto a partir da forma como se organizam em equipe, quanto pela análise da cena construída. A própria imagem pode gerar impacto e *insights* em todos os envolvidos, devido ao seu caráter simbólico. Revela e, ao mesmo tempo, transforma.

O que chama a atenção, nesses casos, são os poucos recursos que essas famílias têm para lidar com os conflitos e como parecem paralisadas e assustadas perante questões razoavelmente simples. Observa-se pouca capacidade de enfrentar as dificuldades da vida, num mundo no qual somos preparados para buscar incessantemente a harmonia e evitar quaisquer situações que representem problemas. O desafio tem sido tirar esses casais e famílias de uma negação paralisante e ajudá-los a perceber nos conflitos uma função criativa, que aponta novos caminhos, permitindo a reestruturação dessas relações e a continuidade do processo de desenvolvimento.

FAMÍLIA, FILHOS E ADOLESCÊNCIA

Para a maioria dos casais, a chegada de um filho é um momento de grande transformação, envolto em alegrias, ganhos, perdas, inseguranças, conflitos e tentativas de superação. Sem dúvida, há diferentes vivências dessa nova fase, porém existe algo comum a todos os casais: tornam-se um casal parental, o que implica novos desafios e necessidade de adaptações.

Com o tempo, o sistema familiar vai entrando em novo equilíbrio, os papéis familiares tomam forma e, não sem conflito ou movimento, as coisas tomam seu novo lugar. Outras questões surgem; em algumas famílias, há a chegada de novos filhos, acarretando mais dificuldades, adaptações e conflitos entre o casal. Entretanto, se existe um segundo momento no qual a família é certamente abalada é a entrada dos filhos na adolescência.

Em geral, esse momento inaugura uma nova crise, na qual o equilíbrio familiar é abalado pela mudança no comportamento de um ou mais filhos. A partir desse momento, ocorrem alterações biopsicossociais concomitantes, ou seja, mudanças hormonais e fisiológicas, mudanças psíquicas e no meio em que o jovem vive. Elas ocorrem de forma simultânea, sem que seja possível determinar qual vem primeiro.

O jovem busca sua identidade, muitas vezes mais influenciado por seus pares do que pela família; busca modelos externos na mídia e no grupo de amigos. A autoimagem que constrói através do corpo em transformação é mutável e fonte de insegurança. Os arquétipos *animus* e *anima* são constelados com a vivência da sexualidade; os relacionamentos e o interesse pelo outro ganham importância e são fonte de conflito. Os estudos, suas dificuldades, as expectativas dos pais e a decisão do caminho profissional também trazem insegurança, ansiedade e desentendimentos familiares.

Essas transformações levam-nos a ver os pais com outros olhos, perceber com mais clareza aspectos sombrios que antes eram idealizados. Há o questionamento dos papéis masculino e feminino apresentados por seus pais, geralmente com a necessidade de se opor ao que encontram na família.

Essas novas atitudes costumam ser muito angustiantes para o casal parental, tanto por causar preocupação, quanto por despertar o confronto com seus próprios aspectos sombrios, lembranças da juventude: positivas ou negativas, realizadas ou não realizadas. O confronto com esse "novo filho" pode ativar complexos, trazendo à tona questões não vivenciadas há muito tempo. Tomados por esses complexos, é comum vê-los ter acessos de fúria diante das atitudes dos filhos.

Para muitos pais, devido ao grau de unilateralidade com que vinham se desenvolvendo até então, o confronto com o filho jovem que os questiona pode representar o início de uma relação mais profunda com a própria dualidade, ajudando-os a se libertar de seus aspectos infantis:

> Alguma coisa dentro de nós quer permanecer como criança, quer permanecer inconsciente, ou quando muito consciente apenas do seu ego: quer rejeitar tudo o que lhe é estranho, ou então sujeitá-lo à sua própria vontade; não quer fazer nada, ou no máximo satisfazer a sua ânsia de prazer ou de domínio. Há em tudo isso alguma coisa da inércia da matéria: é a persistência no estado anterior, cuja consciência é menor em seu alcance, mais estreita e mais egoísta do que a consciência da fase dualista, na qual o indivíduo se vê diante da necessidade de reconhecer e aceitar aquilo que é diferente e estranho como parte e como uma espécie de ego. (Jung, 2000, p. 342)

Os jovens vivem um movimento de afastamento e reaproximação da família: em um momento a repelem de forma veemente e, no outro, desejam e reivindicam, às vezes com atitudes infantis, seu carinho, segurança e atenção. O "vir a ser" é a expressão dessa fase da vida, e, assim, o que esse jovem faz é oscilar entre um ponto e outro, como um pêndulo em busca do equilíbrio entre eles.

Para Jung (2002), é por meio da tensão entre os opostos e de seu movimento que ocorre a transformação; assim, são naturais tanto a tensão gerada entre pais e filhos nessa fase da vida quanto o movimento de oscilação, no filho, entre uma posição mais infantil e uma mais amadurecida. É o movimento da psique em desenvolvimento. Perto do fim da adolescência, quando muitos de seus conflitos estão resolvidos, o jovem tende a se reconciliar com as figuras parentais.

A oscilação do comportamento adolescente pode levar os pais a se sentir confusos: muitas vezes, diante de determinado acontecimento, o jovem tem uma resposta oposta à esperada; em outras, diante do mesmo estímulo, reage de forma completamente diferente. A comunicação na família fica truncada, com diversas perguntas sem respostas, ou com respostas não necessariamente condizentes com aquilo que se sente.

A MEIA-IDADE E A DUPLA CRISE

> *Se pretendem ter sucesso ao lidar com a sombra dos filhos, os pais precisam aceitar e estar em contato com a própria sombra. Os pais que têm dificuldades em aceitar seus próprios sentimentos negativos, e suas reações menos nobres, acharão difícil aceitar de modo criativo o lado escuro dos filhos.*
> SANFORD, 1991, p. 80

Na maioria das vezes, a entrada dos filhos na adolescência e a dos pais na meia-idade coincidem, nos levando a ver, em muitas situações, uma dupla crise dentro do sistema familiar.

No momento em que o jovem é levado a confrontar os pais em busca da própria identidade, estes podem estar começando a se perguntar quem são, tudo que construíram e aonde ainda querem chegar. Nesse contexto, os questionamentos dos filhos podem apontar justamente aquilo que os pais não conseguiram olhar até então, o que é geralmente muito doloroso e por vezes os leva a ativar defesas: inseguros, fogem da situação, ou paralisam. Os filhos despertam nos pais o vivido e o não vivido em sua juventude, fato que pode gerar projeções, enormes expectativas, cobranças ou sentimentos de inveja.

Nessas famílias, observa-se a constelação de opostos: de um lado, a entrada na juventude e a preparação para a vida adulta e, do outro, o abandono da juventude e a consequente entrada na segunda metade da vida. Filhos e pais estão em etapas completamente diferentes do processo de individuação. Os primeiros são convidados a iniciar, por meio da ativação do arquétipo do herói, a construção da própria identidade, que, nesse momento, caminha em busca da conquista de um lugar no mundo. O adolescente também vive um movimento de reflexão interna em busca de si mesmo, mas a energia precisa estar voltada para o fazer e para a formação de uma primeira identidade, obedecendo mais a parâmetros externos. Os segundos, quase sempre, já conquistaram maior estabilidade e, com os filhos crescidos, seguem o mergulho em busca de si mesmos, passam a rever a própria trajetória com um olhar mais maduro, a fim de integrar aspectos de sua personalidade e sentir-se cada vez mais completos. Segundo Jung (1991, p. 426), a individuação "é, portanto, um processo de diferenciação que objetiva o desenvolvimento da personalidade individual. É uma necessidade natural".

Na maioria das vezes, o casal não passa por esse processo em um mesmo momento, ou seja, enquanto um deles vive a crise e se questiona, o outro ainda segue preso a uma fase anterior. Em alguns casos, um deles é o alvo mais direto da projeção dos filhos, enquanto o outro é poupado ou até estabelece uma parceria com o filho, ainda que inconsciente, na tentativa de não ser atacado ou de se preservar no polo da juventude.

Há situações nas quais um deles, revendo tudo que construiu, questiona o casamento, muitas vezes a própria profissão, percebe a crise como externa, sem notar que o chamado, a partir de agora, é interno. Ou seja, é necessário observar se essas mudanças são defensivas ou criativas: o final do casamento ou a mudança na carreira são consonantes com o caminho interno ou uma forma de não olhar para dentro de si mesmo?

Esse intenso processo de transformação familiar pode ser bastante assustador, gera uma crise, exige que o sistema se movimente, levando cada um dos membros a rever seu lugar na família e na vida. Encontramos famílias e casais paralisados em seus processos de individuação, agarrados a uma falsa sensação de segurança.

DOIS CASOS CLÍNICOS

Um casal, Maria e Júlio, casou-se ainda jovem, ambos aos 25 anos. Seu relacionamento é bom; no entanto, apesar do desejo de ambos, demoraram muito para ter filhos. Por volta dos 34 anos, Maria engravidou de sua primeira e única filha, que foi criada com muito carinho, mas numa redoma de vidro. Ela foi tão desejada, esperaram tanto por ela, que havia um medo enorme de perdê-la, o qual se intensificou na adolescência. O mundo parecia assustador, e a angústia dos pais, disfarçada de proteção, acabou impedindo a menina de viver o que poderia ser normal na adolescência: namorar, sair com os amigos, viajar etc. O casal se agarrava aos cuidados superprotetores com a filha e não percebia que, com isso, além de criar um obstáculo ao desenvolvimento dela, também criava um problema para si. Ficaram presos ao redor da menina, não se permitiam momentos sem ela, sozinhos ou em conjunto. Agarraram-se de forma não muito saudável ao papel parental e então não puderam se redescobrir como indivíduos, nem como casal.

Quando a filha tinha cerca de 22 anos, morava com os pais e cursava uma segunda faculdade, Maria procurou a psicoterapia de casal. Com sintomas depressivos, se sentia sem motivação e não encontrava sentido em nada do que fazia. Reclamava de Júlio porque quase não conversavam e o percebia distante, ocupando-se de coisas que não a interessavam. Maria, por sua vez, não se ocupava de mais nada. Durante o processo foram levados a refletir sobre o papel da filha na vida deles, o complexo materno e a ligação simbiótica, a superproteção. Perceberam quanto foram deixando de lado a relação conjugal e a relação de cada um consigo mesmo. Hoje identificam que seu medo paralisou o desenvolvimento da filha, da relação conjugal, e de cada um como indivíduo. Procuram libertar a filha, que ainda se sente insegura e despreparada para a vida, fazendo o movimento de saída e recuo que deveria ter feito no início da adolescência. Aos poucos, redescobrem seu caminho individual e conjugal, mas a paralisia foi tão grande que isso é ainda um enorme desafio para eles.

Jung (1986a, p. 176) explica como a educação imposta pelos pais pode revelar algo sobre si mesmos:

> Este ideal, apregoado tão frequentemente, é um empecilho enorme para o desenvolvimento dos pais, e faz que os pais imponham aos filhos o que eles próprios consideram "o melhor" para si. Mas isso

que chamam de melhor consiste, na realidade, em algo que os pais negligenciaram em grau extremo em si mesmos.

A superproteção tem sido um dos principais desafios para o desenvolvimento dos jovens de hoje. De forma geral, ela revela o medo dentro da família: da perda de papéis, do vazio, de olhar para si mesmo, do mundo. Esses medos debilitam os filhos, que os percebem como falta de confiança em sua capacidade, tornando-se inseguros e dependentes e desenvolvendo um medo da vida. Temeriam também os pais, nesse caso, os desafios de sua própria vida? Como sair da paralisia criada pela crise e seguir adiante?

Uma família chega para atendimento: dois filhos adolescentes de 17 e 19 anos e o casal com cerca 50 anos. Sérgio, o pai, não comparece às sessões, tem dificuldade de lidar com o mundo psíquico, suas emoções e as de todos à sua volta. Costuma permanecer rígido em sua forma de ver a vida, sem levar as perspectivas dos outros em consideração. A filha, inteligente e esforçada, traz a história de um sofrimento psíquico maior, percebido pela primeira vez aos 15/16 anos, vindo, entre outras coisas, da sensação de não ter tido suas emoções e sofrimentos legitimados. Após um período muito grande sem dar importância aos pedidos da filha, os pais perceberam a relevância da situação. No entanto, seus sintomas já haviam piorado, configurando uma depressão. Desde então, ela tem sido muito bem cuidada, mas chega apenas a alguns períodos de melhora. O filho, muito inteligente, mostra imaturidade e falta de comprometimento em alguns aspectos da vida, além de fugir dos conflitos familiares para evitar o incômodo. Ana, a mãe, uma mulher forte e de sucesso, principalmente durante a juventude se submeteu ao estilo de vida do marido a fim de evitar o conflito. Ela também tinha dificuldade de compreender o sofrimento da filha, mas foi abrindo espaço para isso na vida da família, sendo aquela que melhor o fazia. Acostumada a acolher as necessidades da casa e de cada um dos membros da família, com a entrada na menopausa passa a sentir em si as mudanças de humor, a falta de desejo sexual, paciência e energia, iniciando-se aí o afastamento do casal. Sente também o desejo de ouvir mais a si mesma e, assim como a filha, passa a sentir que, em algumas situações, seus sentimentos não são legitimados.

Vê-se nessa família quanto o mundo emocional pode ser amedrontador e quanto deixar de olhar e validar essas emoções pode ser paralisante. A crise provocada pela entrada da mãe na menopausa surge como um caminho criativo, uma nova chance, após a primeira crise da filha, para que o processo de desenvolvimento da família possa retomar um rumo mais construtivo, possibilitando o amadurecimento do filho, o fortalecimento emocional da filha e o aprofundamento na relação do casal. Para isso, faz-se necessária coragem para enfrentar esses desafios, que seriam legitimados com a entrada concreta de Sérgio no *setting* terapêutico.

A CRISE COMO OPORTUNIDADE DE DESENVOLVIMENTO PARA O CASAL E A FAMÍLIA

A abordagem junguiana tem uma visão mais ampla do desenvolvimento, considerando-o algo que ocorre desde o nascimento, a partir de um todo indiferenciado inconsciente, e segue num *continuum* ao longo de toda a vida. Há a compreensão de que o processo de desenvolvimento humano se dá por meio da individuação: uma busca, um impulso para a autorrealização, um processo no qual se procura a ampliação cada vez maior da consciência rumo ao encontro de si mesmo.

É importante ressaltar que esse processo ocorre no confronto com os opostos dentro de nós mesmos, com nossos aspectos sombrios, que concorrem com imagens inconscientes. Assim, não é possível adquirir consciência sem conflito, não há desenvolvimento sem movimento. A paralisia leva a obstáculos no desenvolvimento.

Sobre o casamento, Jung (1986b, p. 198) afirma que "raras vezes, ou até mesmo nunca, um matrimônio se desenvolve tranquilo e sem crises, até atingir o relacionamento individual. Não é possível tornar-se consciente sem passar por sofrimentos".

Guggenbühl-Craig (1980) traz uma grande contribuição ao explicitar o papel do cônjuge no processo de individuação, deixando claro que o confronto com o outro nos traz o conflito e o sofrimento por nos enxergarmos nos olhos dele, mas também nos abre a porta para a ampliação de consciência, para nos aprofundarmos em nosso processo de individuação. Ou seja, o caminho rumo a si mesmo é individual, mas necessita do coletivo, pois é fortalecido pelo confronto com o outro.

Pode-se afirmar o mesmo com relação à família: as relações estabelecidas entre marido e mulher, pai e filho, mãe e filha, mãe e filho, pai e filha e entre os irmãos oferecem, por meio do vínculo e do conflito, uma grande oportunidade de desenvolvimento. O conflito, mesmo que inicialmente leve à estagnação, também conduz à canalização da libido para um novo fim, promovendo a transformação. Podemos observá-lo trabalhando a favor do movimento, mesmo que de início provoque a paralisia. Jung (2002, p. 49-50) escreve:

> [...] penso em uma transferência das intensidades ou valores psíquicos de um conteúdo a outro, de acordo com a chamada transformação da energia que, sob a forma de calor, se converte, mediante uma máquina a vapor, em tensão do vapor e em seguida, energia do movimento. De maneira semelhante, a energia de certos fenômenos psíquicos se converte, por meios adequados, em outros dinamismos.

Os vínculos familiares, por seu caráter simbólico, trabalhariam a favor dessa transformação, como diz Benedito (1996, p. 100):

> O símbolo e a elaboração simbólica podem ser melhor compreendidos quando vistos a partir do sistema autorregulador da psique. A formação do símbolo e sua elaboração são o próprio caminho desse sistema, impedindo uma unilateralidade nociva e neurótica da consciência, incompatível com o processo de individuação.

No entanto, a dor que é provocada quando vemos muitas de nossas dificuldades refletidas nos olhos do outro pode levantar uma série de defesas e, assim, nos levar à estagnação de nosso processo. Pensando na família como um sistema, a paralisia de um afeta sempre o desenvolvimento do outro.

MAIS UM CASO CLÍNICO

Silvia casou-se com Antônio, poucos anos mais velho, aos 29. Ela, uma mulher inteligente, personalidade forte, articulada. Ele, um homem que gosta de cuidar de tudo, ocupa o papel de provedor financeiro e, além disso, envolve-se muito com os cuidados da casa. Depois de dez anos casados, ele passa por dificuldades financeiras e, a partir desse momento, Silvia volta a investir em sua carreira, entra para o mundo corporativo e assume também o papel de provedora da família.

Algum tempo depois, aos 44 anos, com uma filha já adolescente e outra chegando à adolescência, entra em uma crise mais profunda, na qual questiona muitas de suas escolhas. Questiona o casamento, a escolha de ser mãe, sente-se sufocada e sem espaço, começa a ficar mais tempo no trabalho e a voltar mais tarde para casa. O fato de suas filhas já não precisarem mais tanto dela a liberta para isso. O marido, ainda em crise financeira, redobra os cuidados com a casa, e ela se sente cada vez menos parte da família. Mudam-se para a cidade natal de Silvia, onde haviam morado por algum tempo. A convivência maior com o marido e as filhas e as lembranças da família de origem levam-na a várias reflexões. Ela chora e sente claustrofobia, mas, ao mesmo tempo, passa mais tempo em família. Percebe então que todos ali, e principalmente ela, precisam se reencontrar. Diante de um marido que cuidava de tudo, sentia que sua casa não tinha a "sua cara", que já não se envolvia em mais nada na família; aliás, já não sabia mais "qual era a sua cara". Apesar de cuidar de tudo e ser muito sensível, Antônio, por sua vez, tem dificuldade de falar sobre seus conflitos e tende a fugir deles. Silvia, no entanto, já não quer mais fugir de nada e propõe não a separação, mas a vivência em casas separadas para que possam continuar juntos, mas com espaços próprios. A família planeja então ter duas casas onde diferentes formas de convívio sejam possíveis: o pai com as filhas, a mãe com as filhas, o casal sozinho e, por vezes, todos juntos. Apesar de não desejar inicialmente o mesmo que Silvia, Antônio compreendeu o momento da esposa e percebeu que as relações em sua família precisariam ser reconstruídas; os novos espaços poderiam contribuir para que cada um deles procurasse novamente sua individualidade, para que as relações fossem transformadas e a comunicação, retomada.

Ainda é cedo para dizer qual caminho será construído através dos passos trilhados por essa família. Entretanto, eles já foram suficientes para tirá-los de uma estagnação sufocante. Todo esse processo exigiu, e tem exigido, muita força, e pode-se dizer que os conflitos vividos os têm conduzido à busca de si mesmos, com dor e amor, tentando preservar a união da família.

A união do casal perante o conflito sem dúvida tem sido um fator importante para o enfrentamento da crise; mas poder falar sobre tudo que não tem sido comunicado, e sobre os pilares a partir dos quais essa relação foi construída, provavelmente terá um poder de transformação ainda maior do que todas as medidas já tomadas. Isso porque a falta de comunicação é o principal motivo da estagnação da energia psíquica, e somente a sua liberação possibilitará uma transformação maior. O movimento já foi iniciado a partir da oscilação entre os opostos: individualidade e união, asfixia e libertação, e do amor desse casal que, por meio do seu caráter simbólico, conduz o relacionamento para uma nova etapa de seu desenvolvimento.

A psicoterapia de abordagem junguiana propicia um olhar diferenciado para o conflito e os sintomas, que não é centrado no porquê, em sua causa, mas principalmente em sua finalidade. Ou seja, eles surgem para que algo seja percebido pela psique, são um sinal de alerta para que aquilo que antes permanecia inconsciente seja trazido à consciência e transformado.

Se pensarmos a crise como uma oportunidade de transformação, a dupla crise, marcada pela adolescência dos filhos e a meia-idade dos pais, é uma grande oportunidade de olhar para os símbolos que serão constelados em cada uma dessas situações nas relações, com o outro e os outros com quem convivemos, em cada uma dessas alianças, buscando saídas criativas. A psicoterapia de casal e família de abordagem junguiana, com seu caráter finalista, nos permite um olhar prospectivo e que busca a criatividade diante das crises, suas dores, conflitos e sofrimentos. Está longe de ser um olhar ingênuo, pois acima de tudo, nesse processo, nos é exigida coragem para nos deixar derreter e novamente solidificar, para permanecer, para descobrir caminhos próprios, sempre em relação, embora sigamos sozinhos. Os caminhos da vida são a trajetória e o guia, nos fazem seguir em frente e nos transformam através do viver; nos convidam à reflexão e nos levam, a cada passo, a olhar a vida de uma nova perspectiva, na qual aquilo que estava paralisado um passo antes pode ser compreendido e ressignificado. Sobre esse caminhar, escreve o poeta espanhol António Machado:

[...]
Caminante, son tus huellas
el camino, y nada más;
caminante, no hay camino:
se hace camino al andar.
Al andar se hace camino,
y al volver la vista atrás
se ve la senda que nunca
se ha de volver a pisar.
Caminante, no hay camino,
sino estelas en la mar.
[...]
("Proverbios y cantares", 1999, XXIX)[2]

REFERÊNCIAS

BENEDITO, Vanda Lucia Di Yorio. *Amor conjugal e terapia de casal – Uma abordagem arquetípica*. São Paulo: Summus, 1996.
GUGGENBUHL-CRAIG, Adolf. *O casamento está morto. Viva o casamento!* São Paulo: Símbolo, 1980.
JUNG, Carl Gustav. "As etapas da vida humana". In: *A natureza da psique*. 5. ed. Petrópolis: Vozes, 2000. (Obra Completa, v. 8/2.)
_____. *Tipos psicológicos*. 5. ed. Petrópolis: Vozes, 1991. (Obra Completa, v. 6.)
_____. "Da formação da personalidade". In: *O desenvolvimento da personalidade*. 8. ed. Petrópolis: Vozes, 1986a. (Obra Completa, v. 17.)
_____. "O casamento como relacionamento psíquico." In: *O desenvolvimento da personalidade*. 8. ed. Petrópolis: Vozes, 1986b. (Obra Completa, v. 17).
_____. *A energia psíquica*. 8. ed. Petrópolis: Vozes, 2002. (Obra Completa, v. 8/1.)
MACHADO, Antonio. "Proverbios y cantares". In: *Campos de Castilla*. Madri: Espasa, 1999. Disponível em: <https://poemas.uned.es/poema/proverbios-y-cantares-antonio-machado/>. Acesso em: 25 jun. 2021.
SANFORD, John A. "Os pais e a sombra dos filhos". In: *Ao encontro da sombra – O potencial oculto do lado escuro da natureza humana*. São Paulo: Cultrix, 1991.

2 Caminhante, são teus rastros / o caminho, e nada mais; / caminhante, não há caminho: / faz-se caminho ao andar. / Ao andar se faz caminho, / e ao se olhar para trás / se vê a senda que nunca / se há de voltar a pisar. / Caminhante, não há caminho, / somente esteiras no mar. (Trad. de Janaína Marcoantonio)

11
Envelhecimento e contemporaneidade

Maria da Glória G. de Miranda
Marli Tagliari

> *Para ver de perto a força do caráter, devemos nos envolver de todo o coração nos acontecimentos do envelhecimento. Isso requer curiosidade e coragem [...] para deixarmos para trás velhas ideias e nos deixarmos levar por ideias desconhecidas, deslocando a importância dos acontecimentos que tememos.*
> HILLMAN, 2001, p. 19

Criamos aqui um espaço reflexivo sobre o processo de envelhecimento do indivíduo, do casal e da família. Discutimos também suas implicações na vida daquele que envelhece e dos que dele cuidam, examinando elementos responsáveis por esse processo e relacionados com o sentido da vida. Dirigimo-nos aos que, aos 70 anos ou mais, empenham-se em manter uma boa qualidade de vida diante de tantas mudanças a enfrentar, nos âmbitos social, familiar e individual. Trabalhamos com diferentes autores e perspectivas sobre o envelhecimento.

Enfatizamos a importância da qualidade da tessitura das relações do idoso e dos caminhos percorridos ao longo da sua vida, desde a infância, como elementos influenciadores de sua vivência da velhice.

Atribui-se a conquista da longevidade até 90 anos ou mais sobretudo ao avanço da medicina, ao desenvolvimento social, ao saneamento básico nas cidades e à diminuição da taxa de fecundidade. Mas, embora o mundo moderno comemore o aumento da expectativa de vida, "envelhecer tornou-se o maior medo de uma geração" (Hillman, 2001, p. 18).

Na perspectiva de Carl G. Jung, a longevidade atual ganha contornos específicos. Ele sustenta que o ser humano não chegaria a uma idade avançada se não houvesse nisso um significado para a espécie, e afirma que a longevidade é um produto da civilização: "Sofremos de uma *hýbris* da consciência que nos induz a acreditar que o tempo de nossa vida é mera ilusão e que a vida pode ser alterada a nosso bel-prazer" (1984, §802).

Os idosos se tornaram as novas figuras do cenário familiar e social contemporâneo. Contudo, Jung (1984 §801) alerta que a velhice é impopular em praticamente todo o mundo e que parece haver uma enorme resistência a envelhecer.

Hillman reconhece que devemos nos livrar do subjugo de que a fisiologia governa o homem, principalmente na velhice. Compartilha com Jung a ideia de que o envelhecimento tem como riqueza a possibilidade da manifestação da alma, e lapidar o caráter é seu maior ganho. Defende que para compreendermos o envelhecer precisamos considerar o caráter – um conjunto de traços e qualidades, hábitos e padrões, e também uma força ativa, princípio formador do envelhecimento do corpo. Caráter é aquilo que persiste, perdura e permanece inalterado ao longo de todos os acontecimentos e mudanças da vida: "O idoso só poderá servir à sociedade se o seu caráter refinou sua inteligência, expandiu seu conhecimento e foi testado em crises" (Hillman, 2001, p. 48).

Nossos idosos definem uma nova realidade, em que seus filhos, encaminhando-se para a própria velhice, têm de cuidar dos pais, muitas vezes em idade bem avançada. São duas velhices; quem cuida de quem? Não existem modelos para essa nova configuração de famílias.

O envelhecimento é universal, mas a maneira como se dá depende de cada cultura. Jung (1984, §788) refere que nas sociedades tribais os anciãos são guardiães dos mistérios e das leis, sendo por meio deles que a herança cultural da tribo se expressa e perpetua. Na contramão, em nossa sociedade atual, muitos de nossos anciãos querem competir com os jovens.

Nunca vivemos tanto! Será que estamos vivendo bem? Jung (1984, §789) diz: "Só bem pouquíssimas pessoas são artistas da vida, e a arte de viver é a mais sublime e a mais rara". Se nos ativermos somente às benesses da medicina, ignoraremos aspectos essenciais do envelhecimento que necessitam ser experienciados, com a consciência de que a vida não está mais em ascensão ou expansão, mas em contração. Esta se deve a um processo interior implacável que direciona a energia psíquica para dentro de si mesmo, forçando aquele que envelhece a dedicar atenção séria ao próprio *Self*. Destaca que o idoso que não consegue fazê-lo tende a tornar-se hipocondríaco, avarento, dogmático e louvador do passado.

A segunda metade da vida é um período de importantes transformações, no qual alguns arquétipos trazem vivências específicas. Jung chama o fim da vida de segundo nascimento, de forma semelhante a uma morte, e acredita que a "assim chamada vida" é apenas um breve episódio entre dois grandes mistérios que, de fato, são apenas um. "A vida parece ser um jogo que representa um intervalo numa longa história. Já existia antes que eu, e é muito provável que continue a existir quando terminar o intervalo consciente numa existência tridimensional" (Jung *apud* von Franz, 1980, p. 15).

Há o risco de as aspirações e os desejos não realizados desviarem o olhar do idoso para o passado, quando ele necessita de uma perspectiva e de um objetivo direcionado para o futuro. Jung (1984, §790) destaca que as grandes religiões, ao prometerem uma vida no além e um objetivo supramundano, permitem viver a segunda metade da vida com o mesmo empenho da primeira. Ele lamenta que a maioria das pessoas não mais acredite e lembra que não sabemos o que é a psique e desconhecemos até onde sua natureza se estende. Assim, "[...] considerar a morte como realização plena do sentido da vida e sua verdadeira meta, em vez de uma mera cessão sem sentido, corresponde melhor à psique coletiva da humanidade" (1984, §807). Conclui ressaltando a importância das grandes religiões, que têm concepções claras sobre a morte e constituem um sistema de preparação para a morte.

> Os símbolos religiosos provêm talvez do coração, de uma camada profunda da psique e, por isso, [...] têm um pronunciado "caráter de revelação" e, em geral, são produtos espontâneos da atividade inconsciente da psique. São tudo, menos coisa imaginada. Desenvolveram-se progressivamente, como revelações naturais da psique humana, no decurso dos séculos. (1984, §805)

Somos incapazes de imaginar uma forma de existir que não dependa das categorias de tempo e espaço, mas isso não prova que seja impossível. Jung (1984, §814-15) afirma que a natureza da psique ultrapassa os limites de nosso intelecto e hipostasia que a psique também toca em uma forma de existência independente em relação ao espaço e ao tempo.

A velhice chega abrupta ou gradativamente, altera o humor e traz nostalgia, frustrações e ansiedade com relação à própria morte. Jung afirma que na extrema velhice voltamos a ser, como na infância, um problema para os outros, pois imergimos no processo psíquico inconsciente, um estado da vida no qual não há problemas. Este fato, para ele, não significa o "fim":

> É extremamente difícil indicar onde começa e onde termina um processo, porque os acontecimentos e os processos, os começos e os fins constituem, no fundo, um contínuo indivisível. "Começo" e "fim" são, antes e acima de tudo, necessidades do processo de conhecimento consciente. (1984, §812)

As observações empíricas de Jung (1984, §809) apontam que a morte parece ser algo relativamente sem importância para a psique inconsciente, ou que a psique não parece se preocupar com o que eventualmente acontece ao indivíduo. Ele conclui que o inconsciente se interessa mais em saber *como* se morre, ou seja, se a atitude da consciência está em conformidade ou não com o processo de morrer.

ENVELHECIMENTO: UM PROCESSO NATURAL?

Alguns autores afirmam que o envelhecimento é um processo evolutivo, um ato contínuo, que ocorre do nascimento até a morte. Uma marcha natural, um processo constante de transformação. "O início do nosso envelhecimento é uma progressão tão gradual que, um dia, descobrimos que ele se instalou totalmente sobre nós" (Nuland, 2007, p. 13).

Para Stein (2007), o envelhecimento traz um grande desafio de mudança psicológica. Alguns dão guinadas existenciais, revolucionando um mundo que parecia seguro, social e psicologicamente. Outros vivenciam uma longa e escura noite da alma.

No início da transição, o indivíduo manifesta grande sensação de perda, com mudanças de humor, momentos de luto e nostalgia, agudo e crescente senso de limitações da vida, ataques de pânico com relação à própria morte ou a situações de risco. Compreende-se por que muitos indivíduos negam estar envelhecendo. É fácil olhar para os objetivos, intenções, conquistas e arroubos típicos da juventude, atribuindo-lhes um sentido e um significado, na ascensão da vida. Entretanto, olhar e conceber o envelhecimento e a morte como uma meta e uma consumação é aterrador. Jung (1984, §792) aconselha "olhar a morte como uma meta para a qual devemos sempre tender; voltar-se contra ela é algo de anormal e doentio que priva a segunda metade da vida de seu objetivo e seu sentido".

Para esse autor, a vida é um processo energético e, como tal, irreversível e orientado para um objetivo que é o estado de repouso, sempre procurando se restabelecer. A vida é teleológica, naturalmente persegue um determinado fim, e o organismo nada mais é do que um sistema de objetivos previamente fixados que se procura alcançar. O impulso teleológico não cessa na velhice: "A vida desce agora montanha abaixo, com a mesma intensidade e a mesma irresistibilidade com que a subia antes da meia-idade, porque a meta não está no cume, mas no vale, onde a subida começou" (Jung, 1984, §797).

Para Monteiro (2004), envelhecer é uma graça e um esforço. Exige atenção ao processo de contínuas transformações no corpo, na autoimagem, nos afetos e desafetos, no espaço social, no valor profissional, no desempenho pessoal. Muitos desanimam e renunciam à vida, não conseguindo viver no novo ritmo, desacelerado e de profundas transformações. Atitudes e posturas negativas, fixações em perdas vividas no passado e supervalorização das dificuldades do presente acabam levando ao temor do futuro. Contudo, aceitar a passagem do tempo, cuidar de si, buscar transformações internas, isto é, ter atitudes positivas desejáveis que contribuam para a qualidade de vida na velhice, favorece as competências necessárias às condições do ambiente externo e à boa dinâmica das relações.

Segundo Jung, a vida psíquica do homem civilizado é repleta de problemas porque os nossos processos psíquicos são constituídos de reflexões, dúvidas e experimentos que, por um lado, estimulam a ampliação da consciência e, por outro, fazem surgir os problemas. Eles induzem um estado de conflito interior em que uma limitação exterior se torna também uma limitação interior: um impulso se contrapõe a outro. Embora os problemas possam ser desafiadores, Jung (1984, §752) enfatiza que o significado e a finalidade de um problema não estão na sua solução, mas no fato de trabalharmos incansavelmente sobre ele, o que nos protege contra a estupidificação e a petrificação: "Os problemas nos compelem a um estado de soledade e de orfandade absoluta. Quando temos problemas [...] necessitamos do potencial de iluminação que a consciência nos oferece".

Scott-Maxwell (*apud* Viorst, p. 294) diz: "Nós que somos velhos sabemos que a idade é mais do que uma invalidez. É uma experiência intensa e variada, quase além de nossa capacidade às vezes, mas é algo para ser carregado bem alto. Se é uma longa derrota, é também uma vitória".

O envelhecimento não é similar à invalidez. Experienciamos, ao longo de toda a vida, as antinomias se manifestando e nos desafiando de forma singular: saúde e doença, ganho e perda, vitalidade e inação, força e fraqueza. O preconceito, que limita e compromete a vida dos velhos, parece influenciar negativamente a vivência para o bom envelhecer. É preciso ressignificar valores.

Muitos idosos hoje gozam de boa saúde física e psíquica; a velhice saudável é uma conquista construída desde a mais tenra idade e ao longo de todos os ciclos da vida, entre as pequenas e as grandes escolhas e descobertas. Na velhice, vive-se a conquista de ter chegado à última fase e, ao mesmo tempo, à inevitável elaboração da senescência.

A VELHICE E MODOS DE ENFRENTÁ-LA

Como vimos, a velhice é a etapa final de um processo de transformação constante desde o nascimento. Sua compreensão e seu estudo implicam uma visão abrangente de fatos biológicos e culturais e uma síntese subjetiva de como lidamos com essa experiência.

Envelhecimento é um termo forjado pela geriatria no fim do século 19 para designar o enfraquecimento e retardamento das funções vitais em decorrência do tempo: um desgaste das capacidades fisiológicas globais, de forma discreta, grave ou progressiva. Explicá-lo com base na genética, na biologia e na fisiologia é adotar somente uma forma possível e considerar que o indivíduo, quando envelhece, está a caminho de sua inutilidade.

Segundo Teixeira (2002), cada indivíduo envelhece de modo singular, de acordo com as experiências que lhe são peculiares. Ele define a velhice pelas condições físicas, funcionais, mentais e de saúde, e não apenas pela idade cronológica. Afirma que o envelhecimento é um processo multidimensional de crescimento e contração, que depende do meio e de suas influências.

O idoso tem a oportunidade de buscar realizações pessoais, refazer amizades e estreitar as relações com seus familiares, bem como retomar projetos antes abandonados. Os clubes para a terceira idade oferecem atividades de lazer e difundem um novo modo de vida, no qual a participação social impulsiona o desenvolvimento pessoal. Esse modelo cultural contribui para que a terceira idade seja entendida também como um tempo de liberdade, em contraponto ao tempo, anterior, das obrigações profissionais. O ambiente cultural e social em que o indivíduo se insere passa a ser um instrumento básico para a manutenção do sentido do bem viver. Consolidados novos projetos, forja-se uma nova imagem para a chamada terceira idade e inaugura-se a conquista da velhice como forma positiva de viver esse período.

Nessa fase da vida, vivencia-se a passagem de uma identidade psicológica a outra, com crises emocionais a superar. Trata-se de uma crise do espírito, em que o *Self* propicia a vivência de mais uma transformação. Sua descoberta e a gradual estabilização de sua presença se tornam a base de uma nova integridade, fundada nele como centro e não em fatores externos e relacionais. A crise da meia-idade envolve essa crucial guinada para o *Self*, em que a pessoa se desprende de muitas camadas de influências familiares e culturais, atingindo certo grau de unicidade ao lidar com fatos e influências, externas e internas.

Stein (2007, p 13) metaforiza: "Na meia idade, a psique explode como um vulcão e a lava desta erupção como que destrói e depois redesenha a paisagem de nossa vida psicológica".

De um outro ângulo, José A. Gaiarsa (1986, p. 42) afirma que "as pessoas muito contidas e controladas são velhas desde o começo" e divide os velhos em quatro categorias: os mais poderosos do que sábios; os próximos do vovô e do velho sábio; os azedos, irritadiços e intolerantes; e os apáticos e indiferentes.

Já Ryff (*apud* Monteiro, 2002) propõe um modelo de bem-estar psicológico que subordina a saúde mental na velhice à autoaceitação e à manutenção de relações positivas, ao senso de autonomia e domínio sobre o ambiente e ao investimento em metas e crescimento pessoal. Define seis aspectos do bem-estar psicológico: 1) Cultivar a autoaceitação, uma atitude positiva em relação a si próprio e à sua vida passada, acolhendo diversos aspectos de si, positivos e negativos. 2) Estar aberto às novas experiências, num senso de crescimento contínuo e realização do potencial pessoal. 3) Ter um propósito de vida, com metas e objetivos que proporcionem um sentido. 4) Desenvolver uma atitude positiva com os outros, estabelecendo relações confiáveis e de qualidade, calorosas, empáticas, satisfatórias e verdadeiras, voltadas também para o bem-estar alheio. 5) Estabelecer um senso de domínio e competência para manejar o ambiente, com habilidade de escolher ou criar contextos apropriados às suas necessidades e valores. 6) Praticar a autonomia sendo autodeterminado, independente e capaz de seguir suas próprias convicções e resistir às pressões sociais.

Esse modelo de bem-estar psicológico valoriza o desenvolvimento pessoal e social, assim como o ambiente cultural e relacional, considerando-os fundamentais para a manutenção do sentido do bem viver. Já outros autores alertam para que os indivíduos não sejam responsabilizados por seu envelhecer dificultoso ou turbulento, mas se levem em conta as especificidades e as dificuldades próprias dessa fase da vida.

Ciente de que o processo de envelhecimento do ser humano acontece desde sua concepção, Costa (1998) estabelece três conceitos importantes para pensá-lo: o cronológico, o biológico e o pessoal, ligado às vivências subjetivas de cada um.

Não existe um modo "certo" de viver a velhice. As pessoas envelhecem de formas diferentes, com maior ou menor satisfação. Há o perfil "reorganizador", que busca não diminuir atividades e manter-se ativo; já o "concentrado" mantém um nível moderado em suas atividades profissionais, complementando-as com atividades de lazer e familiares; e há o perfil "desligado", mais introspectivo, que aceita a diminuição de suas atividades, vivendo mais isolado.

A sociedade tecnológica reconhece o valor e a capacidade do indivíduo por sua produtividade, poder de ganho, autonomia e independência; nela, a perda das habilidades físicas e mentais, as deficiências sensoriais e as alterações de humor geram um enorme conflito. O indivíduo mais velho deixa de ser reconhecido por seus feitos e ganha o *status* de aposentado.

Aquele que um dia foi ativo, autônomo, gerenciador e ousou viver mais padece na velhice de alguns constrangimentos, e muitas vezes passa a se submeter a regras determinadas pelos familiares, sofrendo por não mais se sentir ou se perceber como protagonista da própria história. E as perdas de amigos, filhos e parentes, ou a viuvez, são vivências que tornam o idoso bastante solitário.

Reações negativas, evolutivas e/ou involutivas, diante do envelhecer estão previstas. O saudosismo e o isolamento, o apego ao passado, a perda de sentido do presente e o temor do futuro encabeçam a lista de dificuldades dos idosos.

Ouvimos, no consultório, muitos que perderam o entusiasmo pela vida. Amargurados, desconfiados e inseguros, vivenciam medo da dependência e da morte. Com nostalgia, ressentimento e tristeza, revelam intensa sensação de perda. Trazem uma dor por não serem mais os mesmos da juventude. Explicam sua angústia pelas histórias de separações, mortes e rupturas familiares. Buscam a terapia por não saberem dar o próximo passo, e tampouco parar.

Jung afirma que aqueles que temem a morte quando velhos são os que mais temeram a vida quando jovens. No decorrer dos anos, os pensamentos sobre a morte tornam-se frequentes e, querendo ou não, quem envelhece prepara-se para a morte:

> Do meio da vida em diante, só aquele que se dispõe a morrer conserva a vitalidade, porque na hora secreta do meio-dia da vida inverte-se a parábola e *nasce a morte* [...] o seu alvo é o seu término. A recusa em aceitar a plenitude da vida equivale a não aceitar o seu fim. (Jung, 1984, §800)

O processo de envelhecimento não precisa ser necessariamente penoso. Depoimentos de pessoas idosas comprovam que a velhice é uma experiência subjetiva e social intensa e variada, podendo ser experienciada como uma longa derrota ou uma permanente vitória. Nela, há que se almejar permanecer atuante, não mais pela capacidade executiva, mas pelo poder da subjetividade que a nova fase propicia.

Os planos, os projetos e o aspecto social podem ser experienciados como mais um desafio:

> [...] aceitar as possibilidades e limitações em si mesmo e nos outros. Isso significa tolerar incertezas e diferenças. [...] significa esperança – de novas maneiras de viver junto. Essa é a canção que a nossa sociedade precisa ouvir: a canção do eu-e-você, a canção da pessoa no contexto, responsável perante os outros e pelos outros. Para ouvi-la, precisamos ter a coragem de renunciar à ilusão do (eu) autônomo e aceitar as limitações do pertencer. A sobrevivência das espécies, e das famílias, está na acomodação e na cooperação. Uma sociedade que não valoriza devidamente tais capacidades é uma sociedade que está em perigo – e é provavelmente uma sociedade perigosa. (Minuchin, 1995, p. 268)

O ENVELHECER E O PROCESSO DE INDIVIDUAÇÃO NA FAMÍLIA

A família é mais do que a soma de suas partes. Como um sistema que se move através do tempo, tem propriedades únicas. O ciclo de vida individual acontece dentro do ciclo familiar, que é o contexto primário de todo desenvolvimento humano e, por isso, crucial para o entendimento dos problemas emocionais das pessoas. Nenhum outro sistema está sujeito a tais limitações e, por outro lado, à relevância de relacionamentos únicos:

> Embora as famílias também tenham papéis e funções, o seu principal valor são os relacionamentos, que são insubstituíveis [...] a família compreende todo o sistema emocional de pelo menos três, e agora frequentemente quatro, gerações. Esse é o campo operativo [...] [as famílias] são subsistemas emocionais, reagindo aos relacionamentos passados, presentes e antecipando futuros. (Carter e McGoldrick, 1995, p. 9)

Alguns autores dividem o ciclo de vida familiar em estágios. Em cada um existe um complexo de papéis distinto para os membros da família, todos inter-relacionados. O estresse familiar é maior nos pontos de transição, pois há poucos modelos para as passagens sendo atravessadas. Os sintomas tendem a aparecer quando há uma interrupção ou deslocamento no ciclo de vida familiar em desdobramento. Carter e McGoldrick (1995) falam do fluxo horizontal do sistema, que inclui estresses previsíveis e imprevisíveis, tais como a enfermidade crônica e a morte. Minuchin (1995, p. 228) complementa:

> Para a maioria das pessoas, a estrada para a morte é o envelhecimento, um lento processo de interiorização e de deixar-se partir. Mas assim como certas pessoas não conseguem enfrentar a morte, outras não conseguem enfrentar a vida. Para elas, o envelhecimento começa cedo.

Até uma geração atrás, a maioria das famílias se ocupava da criação dos filhos durante toda a sua vida adulta, até a velhice. Isso vem mudando muito, com a queda vertiginosa do índice de natalidade e a maior participação das mulheres no mercado de trabalho e no sustento da família.

A manutenção dos relacionamentos familiares era compreendida como responsabilidade das mulheres, que cuidavam de todos: crianças, homens, idosos e doentes. Infelizmente, esta ainda é uma realidade, acarretando sobrecarga e adoecimento de muitas.

Na atualidade, enquanto uma geração está indo para uma idade mais avançada, a próxima luta contra o ninho vazio e a aposentadoria, a terceira lida com a idade adulta jovem e a quarta começa a ser introduzida no sistema. Nesse período, os da geração mais velha estão adoecendo ou morrendo, o que pode tornar essa fase particularmente difícil. Os da geração seguinte têm de lidar com a mudança em seu *status* conforme se preparam para ser avós, como também precisam transformar o relacionamento com os próprios pais, que podem tornar-se dependentes, dando-lhes – particularmente às mulheres – consideráveis responsabilidades como cuidadores.

Os desafios são múltiplos, mas pode haver também liberação: finanças mais fáceis, potencial para novidades – viagens, *hobbies* ou novas carreiras. Algumas famílias vivem esse estágio como um momento de fruição e conclusão. Em outras, ele conduz a rompimento, sentimento de vazio e perda esmagadora, depressão e desintegração geral. E essa fase necessita também de uma nova estruturação do relacionamento conjugal.

Em nossa cultura, a terceira idade raramente é vista de uma ótica positiva, que conceba um ajustamento sadio do idoso dentro e fora da família. Prevalecem visões pessimistas de que a maioria dos idosos não têm família ou pouco interagem com ela; tais visões, por vezes, subjazem à decisão de colocá--los em instituições sob o pretexto de estarem doentes, senis e frágeis. É preciso adaptar, ajustar papéis e funções, para que as mudanças inevitáveis nas regras anteriormente estabelecidas sejam reconhecidas e respeitadas pela família.

CRISES NO ENTARDECER DA VIDA

São inúmeras as tarefas das famílias no estágio tardio da vida; dentre elas, os ajustamentos à aposentadoria, que não apenas podem criar vazio para o idoso, mas também contribuir para sua decrepitude quando ele se afasta do funcionamento social útil, trazendo uma tensão especial a um casamento até então equilibrado. É também nessa fase que ocorre, com maior frequência, a perda de amigos e parentes.

Outro ponto de dificuldade é a resistência, por parte dos membros mais velhos, em transferir as responsabilidades e os cargos para seus sucessores, no caso de empresas familiares.

A redução estrutural de uma família de duas gerações para a díade conjugal apresenta tarefas de separação entre pais e filhos e a mudança do investimento em seus filhos para um novo foco no casamento. Por sua vez, a condição de avós pode proporcionar um renovado interesse pela vida e oportunidades de relacionamentos íntimos especiais, sem as responsabilidades da paternidade.

Os desafios dos idosos interagem com as preocupações específicas das gerações mais jovens. Pressões e conflitos podem surgir. Para os filhos adultos, as finanças provavelmente são drenadas pelas despesas com os estudos dos filhos, exatamente na época em que as despesas médicas com os pais idosos aumentam.

Também pode acontecer que a segunda geração esteja enfrentando as demandas de seu envelhecimento e que suas expectativas de satisfazer as necessidades de dependência dos pais talvez não sejam realistas. Os filhos, por sua própria ansiedade, tornam-se, muitas vezes, excessivamente responsáveis, criando um círculo vicioso: quanto mais fazem pelo progenitor, mais desamparado este se torna, com crescentes necessidades, encargos e ressentimentos. Minuchin (1995, p. 227) relata:

> Descobrimos que as famílias lidam melhor com a situação [doença grave e terminal] quando encontram a flexibilidade para mudar funções e transferir o poder. Chegava um momento em que outros membros da família precisavam assumir o controle e o paciente precisava deixar-se partir. Esse era um momento de crise, pois agora todos tinham de reconhecer que o processo era irreversível [...] muitas famílias começavam a fazer o luto no momento do diagnóstico. Nessas famílias havia mais negação à morte e evitação deliberada da doença como um processo. Era importante deixar claro que o paciente estava vivo, embora mudado – que o futuro existia e era muito precioso.

Para a pessoa de meia-idade, ocorre uma transição maior com a morte dos pais idosos, que envolve tanto a consciência de novas responsabilidades perante as gerações mais jovens quanto a de sua própria mortalidade. Mas para um filho de meia-idade a morte de um progenitor não necessariamente provoca uma crise; a naturalidade da vida pode acalmar todo o sistema familiar. Isso não se dá, por exemplo, se houver culpa indicativa de questões não resolvidas no núcleo familiar.

Grande parte da carga de estresse que os membros da família experimentam está associada com o abuso do idoso, cada vez mais frequente nas famílias oprimidas, sobrecarregadas para além de seus meios e sua tolerância. A ausência de uma orientação adequada de manejo por parte dos médicos aumenta a confusão, a frustração e o desamparo que os membros da família experienciam perante a doença.

Hoje em dia, observamos considerável dificuldade dos familiares quanto ao cuidado de seus idosos, ainda que queiram fazê-lo. Um atendimento psicológico de terapia familiar pode colaborar, revendo papéis e lugares na família nesse delicado momento.

O ENVELHECER NAS RELAÇÕES CONJUGAIS: DESAFIOS E OPORTUNIDADES

O desenvolvimento pessoal de cada parceiro exige redefinições constantes. Para que a relação de casal se mantenha funcional, há o pressuposto de que já o tenha sido em fases anteriores, com flexibilidade, espontaneidade e criatividade. Um desafio entre os casais que têm a oportunidade de envelhecer juntos é resgatar o prazer de viver a dois, tirando proveito do momento presente nessa última fase da vida.

É imprescindível que o casal tenha mantido um bom nível relacional e afetivo, numa convivência cordial e empática. O companheirismo, o interesse e os cuidados mútuos tornam-se altamente valorizados no relacionamento conjugal, assim como a intimidade sexual, que muitos mantêm em idade avançada.

O relacionamento pode se desequilibrar com a doença de um dos cônjuges. As capacidades do parceiro se esgotam se os cuidados tiverem pouco apoio externo financeiro e emocional e se ele esconder a própria vulnerabilidade ou desejo de ser cuidado.

A morte do cônjuge é uma das tarefas que aguardam os adultos mais velhos, provavelmente a mais difícil. Exige a reorganização da vida sozinho, depois de muitos anos como casal, até porque no *status* de viuvez há maior dificuldade de cultivar e manter amizades. Transformar as "obras comuns" do casal em "feitos individuais" é um desafio enorme para quem investiu na vida conjunta e necessita reaprender, sozinho, a buscar objetivos de curto prazo.

As reações dos cônjuges idosos à morte variam bastante. Um número razoável deles a aceita bem, sofrendo pouca disrupção. É bom lembrar que isso se dá dentro da perspectiva "vida autônoma *versus* morar com filho *versus* casa de repouso" e que a adaptação em relação à viuvez depende de como se deu a relação intergeracional.

Para o enviuvado, a insegurança quanto à aceitação de si mesmo e das mudanças que progressivamente o afetam é um fator gerador de estresse. É importante que ele se redefina como indivíduo autônomo na família e na sociedade.

CONSIDERAÇÕES FINAIS

Na velhice, surge o arquétipo do herói contemplativo, mais lunar, promotor da passagem da vida adulta para a última fase da vida, agora mais reflexiva e desapegada. O estar só é uma consequência e um aprendizado desse processo.

No polo positivo do arquétipo, temos o *Senex* como a personificação do Velho Sábio, com a sabedoria dos anos vividos e a experiência que a maturidade jovem precisa introjetar em seu processo de individuação, mobilizando a reflexão e possibilitando à consciência descortinar a identidade profunda. Esse arquétipo atrai a libido para o encontro com o *Self*, o que possibilita a vivência da sabedoria, integrando aspectos da sombra.

Do ponto de vista da individuação, a velhice e o fim da vida podem estar imbuídos de um significado particular, desde que a diminuição das forças não obrigue o idoso a limitações terríveis. A partir do período da metanoia, acontece um crescimento da personalidade. A meia-idade é um começo, não um fim.

Jung, em toda a sua obra, explicita a bipolaridade psíquica dentro da unidade do *Self*, isto é, a atuação da dualidade dialética dentro da unidade. Dialeticamente, vida e morte são criativas quando percebidas como complementares:

> Todo processo busca o seu fim, e a meta da vida é a morte, que é o coroamento de uma vida e não algo a ser negado. A vida plenamente vivida é o melhor preparo para a vivência da morte. Aqueles que mais temem a vida quando jovens são os que mais temem a morte quando envelhecem. (1984, §798)

Equiparar a vida com a individuação ajuda a explicar que a morte ocorre quando a meta desse processo é atingida. Jung (*apud* Jaffé *et al.*, 1980, p. 16) escreveu: "Conheci muitas pessoas que morreram ao alcançar a culminância daquilo de que eram capazes. À medida que suas vidas foram evidentemente preenchidas, tudo foi dito, tudo foi feito, e não restava mais nada a realizar". Consideramos tais colocações um tanto imperiosas e lançamos, assim, uma provocação à reflexão do leitor: não será a meta simplesmente uma metáfora, e o processo de individuação exatamente o caminhar contínuo, já que somos eternos aprendizes, andarilhos e buscadores?

REFERÊNCIAS

CARTER, Betty; MCGOLDRICK, Monica. *As mudanças no ciclo de vida familiar – Uma estrutura para a terapia familiar*. 2. ed. Porto Alegre: Artmed, 1995.

CERVENY, Ceneide Maria de Oliveira. *Família e ciclo vital*. São Paulo: Casa do Psicólogo, 2012.

COSTA, Elisabeth Maria Sene. *Gerontodrama – A velhice em cena*. São Paulo: Ágora, 1998.

GAIARSA, José Angelo. *Como enfrentar a velhice*. São Paulo: Ícone, 1986.

HILLMAN, James. *A força do caráter – E a poética de uma vida longa*. Rio de Janeiro: Objetiva, 2001.

JAFFÉ, Aniela; FREY-ROHN, Liliane; VON FRANZ, Marie-Louise. *A morte à luz da psicologia*. São Paulo: Cultrix, 1980.

JUNG, Carl Gustav. *A dinâmica do inconsciente*. Petrópolis: Vozes, 1984. (Obra Completa, v. 8.)

MINUCHIN, Salvador. *A cura da família – Histórias de esperança e renovação contadas pela terapia familiar*. Porto Alegre: Artmed, 1995.

MONTEIRO, Dulcineia da Mata Ribeiro. *Dimensões do envelhecer*. São Paulo: Revinter, 2004.

_____. *Depressão e envelhecimento*. São Paulo: Revinter, 2002.

NULAND, Sherwin B. *A arte de envelhecer*. Rio de Janeiro: Objetiva, 2007.

STEIN, Murray. *No meio da vida – Uma perspectiva junguiana*. São Paulo: Paulus, 2007.

TEIXEIRA, Mirna Barros. *Empoderamento de idosos em grupos direcionados à promoção de saúde*. Dissertação (mestrado em Saúde Pública). Rio de Janeiro: Escola Nacional de Saúde Pública Sergio Arouca, Fundação Oswaldo Cruz, 2002. Disponível em: <http//portalteses.cict.fiocruz.br>. Acesso em 24 mar. 2008.

VIORST, Judith. *Perdas necessárias*. São Paulo: Melhoramentos, 2004.

12
O casal enlutado: dinâmica e desafios

Maria Silvia Costa Pessoa

> *Como os antigos mistérios de iniciação do homem, a dor também busca compreender e chegar à cura, que é a natureza transformadora do numinoso.*
>
> SAVAGE, 1995

INTRODUÇÃO

Este capítulo discorre sobre a trajetória do luto do casal, considerando a singularidade de cada parceiro. Sob as lentes da psicologia analítica, da teoria do luto e da arte cinematográfica, ele aborda questões que permeiam o relacionamento do casal ao vivenciar uma perda significativa. Quando falamos em perdas significativas, concretas ou simbólicas, nos referimos a vários tipos delas, relacionadas a diferentes aspectos: econômico, saída dos filhos adultos, saúde e autonomia dos cônjuges, morte de um animal de estimação, de alguém querido da família extensa e, também, o luto de um filho.

Diferentes perdas geram diferentes lutos, de modo que as referências que até então serviram de guia, ao sofrer transformações, apresentam-se para o ego como estranhas, desconhecidas, parciais e temíveis, marcando o início de uma trajetória desafiadora para o casal, pontuada por sofrimento, dor, estranhamentos, autorreflexão, descobertas e crescimento.

Para Parkes (1998), o luto é um processo natural, vivenciado de forma singular, por um tempo indefinido e que afeta diferentes esferas da vida do indivíduo. O modo como cada enlutado lida com as perdas está relacionado com o contexto social e cultural, com o vínculo construído com o objeto perdido e com a estrutura da personalidade do enlutado. Uma desorganização psíquica maior surge quando deparamos com as polaridades vida e morte, e a forma de seguirmos adiante conscientemente é aceitarmos o inesperado e imponderável. Nas palavras de Jung (1975, §259), "no confronto com as polaridades vida-morte, só seguimos o caminho da individuação quando aceitamos o imprevisto e suas repercussões. Não há como retomar o mundo anterior tal como o sentíamos [...]".

Os estudos sobre luto são importantes para o nosso trabalho terapêutico, assim como os conceitos desenvolvidos por estudiosos da área. Segundo Franco (2010), uma compreensão profunda do luto nos capacita a transcender a díade normal e patológica, de modo a compreendê-lo como um processo de construção de significados. Assim, a ampliação e a clareza de conceitos como luto normal, luto complicado, etapas e tarefas do processo de luto, luto contínuo, luto não reconhecido, tipos de luto – são importantes para o trabalho com enlutados.

Considerando a complexidade que envolve essa temática e a saúde psíquica do casal, este trabalho busca refletir sobre o impacto do luto na relação conjugal, os recursos e estratégias de enfrentamento e a ativação do *self* conjugal para lidar com a morte de um filho.

Toda dor que envolve uma perda pede um lugar para se aquietar e demanda uma ativação da resiliência do casal. Quando pensamos numa grande perda que se apresenta incompreensível para a psique, remetemo-nos à perda de um filho, o fruto da relação que veio para ser cuidado, protegido e lançado na vida. Logo, podemos apenas imaginar seu impacto na vida dos pais e do casal.

São muitos os desafios e as dificuldades experimentadas pelo casal enlutado que demandam atenção e gerenciamento de forma a contribuir para o amadurecimento e o equilíbrio do vínculo conjugal; caso contrário, os momentos críticos podem colaborar para a deterioração do relacionamento dos parceiros e para o surgimento de fatores de complicação do processo de luto de cada um.

LUTO E INDIVIDUAÇÃO

Os processos de luto e de individuação se entrelaçam. A individuação refere-se à realização plena de si mesmo, à busca da singularidade por meio da integração entre consciente e inconsciente; já o luto implica a elaboração da perda. Ambos os processos demandam um compromisso consigo mesmo e com o outro e um reposicionamento do ego para se ajustar ao inconsciente. O processo de individuação alicerça o sofrimento do enlutado, abrindo espaços e disponibilizando recursos psíquicos para a ressignificação e elaboração da perda. Toda morte acarreta algum impacto e transformações na vida daqueles que ficam, e a reação a ela, apesar de muitas vezes árdua e desafiadora, nos impulsiona na busca do significado, do sentido (Neimeyer, 2005).

A forma como enfrentamos uma perda significativa é determinada por inúmeros aspectos: pessoais, familiares, sociais, culturais. A dor da perda, assim como sua intensidade e duração, dependem, entre outros aspectos, do vínculo com quem se foi, da natureza da perda, da estrutura psíquica do enlutado e da rede de apoio que o cerca. Algumas mortes são enfrentadas com mais dificuldades que outras e podem ser sentidas como fortes rupturas, impossíveis de ser manejadas de maneira simples e descomplicada.

O luto é definido como a dor que atravessa para encontrar repouso, uma vivência arquetípica. Já o processo de luto, a dor da perda, é um fenômeno pessoal, vivenciado pelos indivíduos de forma única e singular, um caminho que se constrói caminhando pedaço por pedaço, sem um lugar específico aonde chegar.

No mito da criação judaico-cristão, Adão e Eva, o casal primordial, vivenciam duas grandes perdas, associadas à expulsão do Paraíso e ao fratricídio. Galiás (2017) propõe imaginarmos as questões conjugais que afligiram esse casal: como eles lidaram com esse luto, com os sentimentos de culpa, arrependimento e traição? Segundo o mito, eles perderam a condição eterna e ganharam conhecimento, autonomia e consciência da morte, da finitude, da dor e do sacrifício. Enfim, tornaram-se seres humanos mortais, ambíguos, complexos e conscientes da sua natureza inconsciente.

É justamente aí que entra o processo de individuação, cuja meta é tornar-se um indivíduo único, diferenciado e integrado ao coletivo, por meio da relação entre consciente e inconsciente.

O casamento pode ser um espaço seguro para os parceiros lidarem com as inúmeras experiências arquetípicas no decorrer da vida, entre elas: nascimento, morte, apego, rupturas, separação. A maturidade conjugal é alcançada na convivência, com esforços e sacrifícios mútuos. Por isso é tão importante que o casal construa sua relação baseada nos princípios da alteridade, em que se busca considerar o outro, diferente de si, em sua totalidade. Diante de acontecimentos desafiadores e inesperados, uma base suficientemente firme do casamento oferecerá suporte para que o casal encontre uma forma criativa de prosseguir com a vida como pais ligados pelo luto, como indivíduos e, se possível, como cônjuges.

Os estudos de Elisabeth Kübler-Ross na década de 1970 trouxeram contribuições significativas sobre a morte, o morrer e a dor, além de destacar uma temática que, na cultura ocidental, é rodeada de tabus. As pesquisas atuais sobre o processo de luto apontam para a necessidade de atentarmos para as questões das fases e etapas bem definidas e sequenciais e, consequentemente, para o risco da criação de modelos fechados de atendimento aos enlutados (Doka, 2011).

Desse modo, cito dois autores que, entre outros, sinalizam os momentos do processo do luto, considerando sua circularidade e sobreposição – e também a individualidade de cada enlutado.

Para Worden (2013), o luto completa sua jornada por meio das seguintes tarefas: aceitar a realidade da perda, elaborar sua dor, ajustar-se ao ambiente modificado, reposicionar a perda em termos emocionais e prosseguir com a vida.

Já Savage (1995), autora junguiana, propõe que consideremos o movimento do luto por meio de três momentos descritos por Jung (1971) sobre as possíveis reações da psique às experiências ameaçadoras, quando conteúdos inconscientes adentram a consciência, desestabilizando-a. São eles: restauração regressiva da *persona* – sofrimento, estagnação e resistência à mudança; identificação inconsciente com o *self* – confronto com aspectos sombrios; e transformação – novo posicionamento a partir do restabelecimento do eixo ego/*self*.

As experiências que envolvem o luto estão sob a égide dos arquétipos e são por eles balizadas, de modo que o casal enlutado, ao receber um suporte coletivo, sinta-se acolhido e amparado em seu sofrimento, percebendo que não está sozinho, mas que faz parte de uma história maior e que outros já percorreram caminhos semelhantes, sinalizando-os.

Assim, ao olharmos o processo de luto e o processo de individuação pelo prisma arquetípico, podemos destacar o arquétipo do caminho e o arquétipo do herói, a partir do arquétipo central e organizador da psique, o *self*.

A imagem do caminho evoca movimento, transição, um trajeto efetuado por cada indivíduo, em sua solidão existencial. O arquétipo do herói evoca a realização, a ação de partir para o desconhecido, deixando para trás a segurança do conhecido (Baptista, 2006).

No contexto do luto, as imagens do caminho e do herói invocam um tipo de ação mais contemplativo, interiorizado. Nessa trajetória, há, por um lado, um olhar para dentro, para os sentimentos de tristeza, melancolia, saudade, lamentação, pesar e desejo de recolhimento; e, por outro, um olhar que se dirige para o mundo externo, que desperta sentimentos de alegria, renovação, possibilidades, transformações.

A presença desses dois movimentos oscilatórios, ora em direção à perda e ora à restauração, ajuda no processo de enfrentamento e de adaptação à perda (Stroebe *et al.*, 1999). A combinação dos dois movimentos traz espaços para a lamentação – choro, lembranças, procura (fotos, roupas, lugares) – e para a realização, por meio de mudanças no estilo de vida e de novos projetos.

O FILME *A MEMÓRIA DA ÁGUA* E O MOVIMENTO DO LUTO

O enredo e as imagens do filme *A memória da água*, drama chileno lançado em 2015 e dirigido por Matías Bize, trazem a temática do luto na conjugalidade. O filme retrata os desafios e os esforços do jovem casal, Javier, arquiteto, e Amanda, tradutora, para reconstruir a vida e seguir em frente depois da morte trágica e prematura do filho Pedro, de 4 anos. A casa é o cenário da felicidade e da tragédia da família, assim como o próprio casal – que espelha, para cada um dos parceiros, a parentalidade perdida.

Nesse contexto, a alma enlutada, por mais que procure aproximar-se dos sentimentos de companheirismo e lealdade vivenciados na relação a dois, atormentada, não encontra lugar de amparo; assim, é necessário um mergulho no caos do desconhecido. Jung (1975, p. 272) escreve a respeito dos desafios de sobreviver à perda:

> É que a morte também é uma terrível brutalidade, sendo que [...] nenhum engodo é possível! – não apenas enquanto acontecimento

físico, mas ainda mais como um acontecimento psíquico: um ser humano é arrancado da vida e o que permanece é um silêncio mortal e gelado.

As propostas de Worden (2013) e Savage (1995) servirão como base para discorrer sobre o movimento do luto do casal que perdeu um filho, sendo o ponto de partida a colocação clara e direta de Hillman (2009, p. 23): "Ninguém pode dizer que se defrontou com a vida se não estiver disposto a se atracar com a morte".

O processo de luto, tal qual a *opus* alquímica, requer que realizemos o trabalho de cada etapa, que tomemos consciência de toda a amplitude da perda e das suas implicações. O confronto e a aceitação da realidade acontecem em meio ao impasse entre lutar e se agarrar ao objeto amado perdido e a necessidade de deixá-lo ir. É preciso deparar com o vazio para conscientemente se aproximar da morte e a ela se adaptar, preservando a continuidade do vínculo pai/mãe e filho – embora modificado, não menos forte e significativo.

O filme *A memória da água* começa com Javier na cozinha colocando água na chaleira para fazer um café enquanto Amanda, agitada, movimenta a capa que cobre a piscina. O marido a convida para entrar e descansar; ela, angustiada, responde que precisa sair dali, ir para outro lugar, ficar longe dele. Quando ele diz à companheira que os dois podem sair juntos dessa situação, ela lhe diz que não, afirmando que ele também sabe que ela tem que ir embora; em suas palavras: "É horrível, mas não consigo olhar para você. Você é ele e isso me mata". Segundo Parkes (1998, p. 24), "em qualquer luto, raramente fica claro o que foi perdido".

Temos aqui uma dificílima incumbência: a união e a sustentação dos opostos, ficar com o filho e deixá-lo partir. Essa é uma tarefa que só pode ser alcançada pela transcendência, pela renúncia do ego por meio da força que emana do *self*.

A singularidade da natureza e do significado da perda é vivenciada por cada parceiro de perspectivas diferentes. A mãe, tipo extroversão, esteve presente no momento da morte, quando, por um instante, deixou o filho sozinho ao lado da piscina descoberta. O pai, tipo introversão, se recolhe em sua dor e se coloca disponível para ficar ao lado dela. Podemos observar quanto o campo conjugal apresenta-se carregado de projeções indiferenciadas, dificultando a interação e a comunicação do casal.

No luto, a restauração regressiva da *persona* se apresenta como reação à situação caótica, na qual as vivências do passado se ofuscam e o mundo, tal como era sentido antes do incidente, não existe mais. Assim, o enlutado reluta para manter sua *persona* intacta, sem levar em conta os impactos sofridos em sua psique como um todo. Aceitar a realidade da morte do outro envolve aceitar a morte daquilo que éramos. Esse é um período longo, difícil e necessário para uma readaptação à vida e que traz ao casal estranhamentos e dúvidas em relação à possibilidade de conseguirem lidar juntos com a dor.

No filme, Amanda resolve ir embora e Javier, apesar de querer ficar ao seu lado, diz-lhe que fique fora o tempo que for necessário. Ele também lhe propõe venderem a casa, viajarem, irem juntos para um lugar diferente e distante; porém, congruente com suas necessidades de solidão e afastamento daquilo que a remete à perda, ela se vai. Tudo se apresenta estranho: a casa, a família, a função paterna e materna, o casal e cada um deles. Dói ficarem juntos, dói ficarem separados.

A primeira tarefa, aceitar a realidade da perda (Worden, 2013), é um período turbulento marcado por tristeza, raiva, falta de sentido, culpa, injustiça. Nesse momento, o casal enlutado enfrenta sentimentos de derrota e devastação, pois com a morte do filho o senso de direção no qual estavam apoiados se esvaneceu, deixando-os expostos, vulneráveis, ambivalentes. A presença, praticamente constante, da dor da perda exprime as inúmeras outras perdas que levam o casal e cada parceiro a se confrontar com a realidade alterada e remodelar sua vida a partir dela.

A ativação do arquétipo do herói, regido pela ação, possibilita aos dois personagens desenvolver estratégias de enfrentamento, como a volta ao trabalho e o encontro com colegas, amigos e familiares. Um período difícil, pois entrar em contato com a experiência da perda, embora ajude a ressignificá-la, pode evocar emoções intensas como desespero, agressividade, impulsividade e preocupações que precisam ser trazidas ao consciente. Tais afetos e emoções que acompanham as lembranças, quando discriminados e acolhidos, tornam-se aos poucos menos intensos e desorganizadores. O filme retrata quanto o início de tais movimentos exige esforço e coragem, pois, como ondas que vêm e vão, seguir em frente e retomar a vida sem o filho implicam revisitar a experiência da perda e entrar em contato com aspectos sombrios. Dois momentos do filme ilustram esses aspectos: ele visitando uma obra com clientes que lhe solicitam a construção de uma piscina e ela, como tradutora num evento, relatando as reações fisiológicas de um afogamento.

Como o título do filme sugere, a água como símbolo está associada à vida, ao útero materno que trouxe o filho, à morte que o levou e às lágrimas, como expressão da lamentação, do sofrimento chorado, derretido. Galiás, (2021, p. 226) escreve sobre o processo de luto pela perda de um filho e o equipara ao parto, no qual a mãe dele se aparta. Em suas palavras: "[...] entregá-lo à Deusa Morte, deusa mãe que acolhe o fruto que cai da árvore, deusa comadre da mãe viva, deusa madrinha a quem a mãe entrega o filho morto para que dele cuide porque a mãe viva não pode mais cuidar".

A árdua tarefa de ajustar-se ao ambiente sem o filho e lidar com a ausência da função parental é então iniciada. O filme retrata o vazio, a tristeza e a dor que acompanha o casal enlutado: poucas palavras e muito silêncio, ênfase na riqueza dos significados contidos nas decisões e nas ações dos personagens.

Amanda, trabalhando e morando sozinha, reencontra um ex-namorado e usufrui de sua companhia. Javier permanece na casa com o cachorro da família, sofre com a ausência do filho e a separação da esposa. Além do trabalho, um lugar de competência para ambos, o casal coloca a casa à venda e se desfaz dos brinquedos da criança. Javier se aproxima do pai, vai à festa de aniversário do filho de um casal de amigos, onde encontra pessoas que compartilharam com ele a história do seu filho. Em algum momento, depois de ter deixado seu cachorro muito tempo sozinho e sem comida, percebe que não dá conta de cuidar do outro. Ele não chora, ele necessita encontrar seu lugar de refúgio, seu tempo, seu momento. Dessa maneira, cada parceiro segue seu caminho, buscando estratégias para o restabelecimento do equilíbrio psíquico e o fortalecimento de uma *persona* funcional.

A restauração, como recuperação e fortalecimento de uma *persona* criativa, é alcançada pelo trabalho com os conteúdos sombrios internos e pela interação com o mundo externo. O casal precisa abrir espaço para pensar e falar sobre a morte e sobre aquilo que morreu neles, de modo que a autorreflexão traga à luz os aspectos sombrios do luto que precisam ser integrados à consciência.

O resgate do equilíbrio conjugal pode ser alcançado por meio da ativação da resiliência conjugal para lidar com as tensões dos inúmeros opostos que avassalam o enlutado e sobrecarregam o relacionamento: movimento e paralisia, céu e inferno, vivo e morto, perdas e ganhos, dor e prazer, justo e injusto, ausência e presença, encontro e desencontro.

Os encontros de Amanda e Javier são breves e permeados de memórias que evocam o sentimento de terem falhado como pais. Olhar para o pai do filho morto remete à sua função de mãe e vice-versa; assim, estar com o outro, também enlutado, e cuidar da relação é uma tarefa muito pesada para um ego ferido e "despedaçado". Apesar do amor e da admiração que um nutre pelo outro, como casal, nesse momento eles não conseguem sustentar um novo projeto. Como escreve Alvarenga (2017, p. 18), "a transformação causada pela morte simbólica é extremamente dolorosa, pois o iniciado, ao retornar dos ínferos, necessita compor seu centro da consciência, cerne da individualidade, com o desconhecido".

Portanto, reposicionar-se emocionalmente e continuar a vida envolve a consciência da irreversibilidade da morte concreta e simbólica; não somos mais os mesmos, assim como o mundo ao nosso redor. A transformação é alcançada com o restabelecimento do eixo ego/*self*, da assimilação dos sentimentos e emoções, permitindo que a energia psíquica presa aos complexos flua em novas direções.

O filme traz cenas dos personagens procurando resgatar a alegria, o prazer, a diversão, porém ainda sem conseguir acessar esse lugar. Sentimentos, pensamentos, recordações e fantasias são fortemente sentidos e desorganizam temporariamente a personalidade de cada um.

A imagem da neve caindo é significativa para o casal, pois está associada à beleza da vida, às boas lembranças de ser casal, de ter sido uma família feliz e ter convivido com o filho Pedro. Javier e Amanda se encontram e resolvem "dar uma volta longa", dirigindo-se para um hotel fora da cidade. Depois de uma noite divertida juntos, Amanda acorda e sai sozinha pela mata, perturbada e angustiada. Esse momento retrata o confronto com a sombra, tarefa imprescindível para a elaboração da perda, pois se faz necessário desapegar-se de defesas paralisantes.

O processo de luto apresenta os efeitos de um complexo constelado que desorganiza temporariamente a personalidade consciente, permanecendo até que os sentimentos e as emoções que envolvem a perda sejam assimilados.

Entre outras reações emocionais, o sentimento de culpa por estar viva e não ter evitado a morte do filho atormenta Amanda quando em companhia do marido. Para ela, ficar com Javier "é voltar ao tempo em que namoravam e apagar Pedro do universo". É reviver o tempo em que os três estavam juntos e ela era solicitada pelo filho; "sentir o vazio é bom porque significa que ele está presente". Ter falhado como figura protetora, quando o deixou sozinho perto da piscina descoberta, olhando para ela sorrindo e lhe dizendo que iria desenhar um barco: "Todos são culpados, eu a primeira. Pedro é o único inocente [...]".

As atitudes de evitação por parte de Amanda contribuem para a possibilidade do desenvolvimento do luto complicado; logo, será necessário revisitar sua história, rever suas crenças e seus legados, e elaborá-los. Desse modo, ela poderá encontrar um sentido para sua experiência de vida e uma forma de manter seu filho para sempre consigo num vínculo contínuo (Worden, 2013).

Na terapia de luto do casal é preciso trabalhar os conflitos conjugais conscientes e inconscientes, fatores agravantes para a não resolução do luto, assim como as expectativas em que a união se baseou. Contar e ouvir a história e refletir sobre os momentos vividos e os sentimentos constelados possibilita a cada parceiro olhar para cada perda: a sua, a do outro e a do casal. Um sentido para essa experiência pode ser alcançado, assim como a liberdade de pensar em si, no outro e na relação conjugal. Busca-se restaurar a conexão com o *self*, centro organizador da psique, de modo que o ego, centro da consciência, apesar de suas limitações, possa se sentir seguro e sujeito da sua história.

CONSIDERAÇÕES FINAIS

O luto não é um processo de superação, mas de reinvenção e transformação. A dor que acompanha essa lembrança diminuirá e se transformará continuamente, e o vazio se tornará um espaço que de tempos em tempos será revisitado.

O casal sobrevivente não supera os sentimentos de falta nem de saudade, mas, a partir deles, busca encontrar um novo sentido e uma forma de viver sem a presença concreta do filho. Pensamos, então, como é desafiador para os parceiros lidar com o luto, ora juntos e ora individualmente. O relacionamento, como um vaso, é por vezes sentido como aprisionador, pequeno, pesado, mas também como acolhedor; por isso, na jornada de luto do casal, os parceiros podem caminhar juntos, preservando e respeitando o espaço e o tempo de cada um. Quando não for possível permanecer juntos como casal, os dois, como pais e ex-cônjuges, podem apoiar-se mutuamente.

Diante de uma perda significativa, espera-se que o enlutado questione seus valores, crenças, princípios e seu relacionamento. O importante é encontrar formas de gerenciar os desencontros que surgem, pois o estresse adicional do luto costuma afetar a tolerância e a empatia entre os parceiros. Considerar que há várias maneiras de viver o luto abre possibilidades para a descoberta de um caminho próprio, do reconhecimento do estilo do parceiro e do que há de comum entre eles.

Ao casal enlutado cabe, gradualmente, desvendar a situação vivida, realizar as tarefas que se impõem em seu caminho até que dor, saudade e lembranças se transformem em imagens que transmitam conforto e equilíbrio. Assim, na memória da água estão contidas várias imagens que se mesclam sem perder seu contorno, a piscina que remete à fatalidade, ao desenho do barco no papel, à criança criativa, carinhosa e companheira; e a neve, que traz a esperança do novo e do belo que tem o poder de surpreender.

Se podemos imaginar, podemos elaborar...

REFERÊNCIAS

ALVARENGA, Maria Zelia de. (org.). *Anima-animus de todos os tempos*. São Paulo: Escuta, 2017.

BAPTISTA, Sylvia Mello Silva. *Arquétipo do caminho – Gilgamesh e Parsifal de mãos dadas*. São Paulo: Casa do Psicólogo, 2006.

DOKA, Kenneth J. "Task models and the dying process". In DOKA, Kenneth J.; TUCCI, Amy S. (orgs.). *Beyond Kübler-Ross – New perspectives on dying, death, and grief*. Washington: Hospice Foundation of America, 2011.

FRANCO, Maria Helena Pereira. "Por que estudar luto na atualidade?". In: _____. (org.). *Formação e rompimento de vínculos – O dilema das perdas na atualidade*. São Paulo: Summus, 2010, p. 17-42.

GALIÁS, Iraci. "Luto em família". In: BRANDÃO, Celia. (org.). *Família e identidade*. Curitiba: Appris, 2021.

_____. "Adão e Eva: um mito anímico?". In: ALVARENGA, Maria Zelia de. (org.). *Anima-animus de todos os tempos*. São Paulo: Escuta, 2017.

HILLMAN, James. *Suicídio e alma*. 3. ed. Petrópolis: Vozes, 2009.

JUNG, Carl Gustav. *Memórias, sonhos e reflexões*. Rio de Janeiro: Nova Fronteira, 1975.

_____. *O eu e o inconsciente*. Petrópolis: Vozes, 1978. (Obra Completa, v. 7/1.)

NEIMEYER, Robert. *Grief, loss, and the quest for meaning – Narrative contributions to bereavement care*. UK: Bereavement Care, v. 24, n. 2, 2005, p. 27-30.

PARKES, Colin Murray. *Luto – Estudos sobre a perda na vida adulta*. Trad. de Maria Helena Pereira Franco. 3. ed. São Paulo: Summus, 1998.

SAVAGE, Judith A. *Vidas não vividas – O sentido psicológico da perda simbólica e da perda real na morte de um filho*. São Paulo: Cultrix, 1995.

SILVA, Ana Dóris da; COSTA, Maria Emília; MARTINS, Mariana Veloso. "A vivência do luto por perda gestacional na perspectiva do casal – Revisão de escopo". *Revista Brasileira de Sociologia da Emoção*, v. 18, n. 54, dez. 2019, p. 77-86.

STROEBE, Margaret S. et al. *Handbook of bereavement research and practice – Advances in theory and intervention*. Washington: American Psychological Association, 2008.

WORDEN, J. William. *Aconselhamento do luto e terapia do luto*. São Paulo: Roca, 2013.

As autoras

Adriana Lopes Garcia

Psicóloga clínica desde 1994. Atende adolescentes, adultos casais e famílias. Especialista em atendimento de casais e famílias pelo Instituto J. L. Moreno e pela Sociedade Brasileira de Psicologia Analítica (SBPA). Coautora do livro *Terapia de casal e de família na clínica junguiana – Teoria e prática* (São Paulo: Summus, 2015).
E-mail: adriana.lgarcia@terra.com.br

Andrea Castiel

Psicóloga especializada em Psicoterapia Analítica pelo Instituto Sedes Sapientiae. Especializada em Terapia de Casal e Família pela Sociedade Brasileira de Psicologia Analítica (SBPA), em Terapia de Criança e Adolescente pela Pontifícia Universidade Católica de São Paulo (PUC-SP) e em Psicologia Simbólica Junguiana e Técnicas Expressivas pela SBPA. Membro do Núcleo Casal e Família da SBPA. Mediadora e conciliadora pelo Centro Mediar & Conciliar. Pedagoga pela

PUC-SP. Atriz pelo Teatro Escola Macunaíma. Formada em Dança pelo LabanArt-SP.
E-mail: acastiel@uol.com.br

Betânia Farias

Psicóloga e mestre em Distúrbios do Desenvolvimento pela Universidade Presbiteriana Mackenzie. Especialista em psicomotricidade e psicologia perinatal, é psicoterapeuta de casal e família pela Sociedade Brasileira de Psicologia Analítica (SBPA) e psicoterapeuta de casal pelo Instituto J. L. Moreno. Membro dos núcleos de Casal e Família e Estudos sobre Desenvolvimento Humano da SBPA. Atende em consultório, leciona e escreve livros infantis.
E-mail: betaniafarias@yahoo.com.br

Cláudia Nejme

Psicóloga formada pela Pontifícia Universidade Católica de São Paulo (PUC-SP). Especialista em cinesiologia psicológica pelo Instituto Sedes Sapientiae, é também especialista em terapia de casal e família pelo Instituto J. L. Moreno e pela SBPA. Coautora do livro *Terapia de casal e de família na clínica junguiana – Teoria e prática* (São Paulo: Summus, 2015).
E-mail: nejmeclaudia@gmail.com

Deusa Rita Tardelli Robles

Psicóloga formada pelo Centro Universitário das Faculdades Metropolitanas Unidas (FMU), é membro analista da Sociedade Brasileira de Psicologia Analítica (SBPA) e filiada à International Association for Analytical Psychology (IAAP). Especialista em terapia de casal e família pelo Instituto J. L.

Moreno e pelo Núcleo de Casal e Família da SBPA. Coautora do livro *Terapia de casal e de família na clínica junguiana – Teoria e prática* (São Paulo: Summus, 2015).
E-mail: deusarobles@gmail.com

Isabel Cristina Ramos de Araújo

Psicóloga formada pela Faculdade Paulistana, é membro analista da Sociedade Brasileira de Psicologia Analítica (SBPA) e filiada à International Association for Analytical Psychology (IAAP). Especialista em terapia de casal e família pelo Instituto J. L. Moreno e pelo Núcleo de Casal e Família da SBPA, é especializada em *sandplay*. Coautora do livro *Terapia de casal e de família na clínica junguiana – Teoria e prática* (São Paulo: Summus, 2015).
E-mail: isabelcraraujo@gmail.com

Juliana Graciosa Botelho Keating

Psicóloga formada pela Universidade Mackenzie, é psicoterapeuta de adolescentes, adultos, casais e família. É ainda especialista em cinesiologia psicológica e em orientação profissional, ambos pelo Instituto Sedes Sapientiae, e em terapia de casal e família pelo Núcleo de Terapia de Casal e Família da SBPA. Formanda em psicologia simbólica junguiana pelo Espaço Carlos Byington.
E-mail: juliana.gbk@gmail.com

Liriam Jeanette Estephano

Psicóloga formada pelo Instituto Unificado Paulista com especialização em terapia de casal e família pelo Instituto Unificado Paulista. Especialista em psicologia clínica pelo Conselho Regional de Psicologia de São Paulo, é psicoterapeuta de casal e família pelo Núcleo de Terapia de Casal e Família da

Sociedade Brasileira de Psicologia Analítica (SBPA). Coautora dos livros *Terapia de casal e de família na clínica junguiana – Teoria e prática* (São Paulo: Summus, 2015) e *Por que os deuses castigam?* (São Paulo: Casa do Psicólogo, 2014).
E-mail: liriampuig@gmail.com

Luciana Blumenthal

Psicóloga, formada pela Pontifícia Universidade Católica (PUC-SP), com especialização em psicoterapia de orientação junguiana coligada a técnicas corporais pelo Instituto Sedes Sapientiae e em psicoterapia de casal e família pela Sociedade Brasileira de Psicologia Analítica (SBPA). Atende crianças, adolescentes, adultos, casais e famílias, realizando psicodiagnóstico, psicoterapia, orientação vocacional e orientação de pais. Membro do Núcleo de Casal e Família da SBPA e da Elipse Clínica Multidisciplinar.
E-mail: lublumenthal@gmail.com

Maria da Glória G. de Miranda

Psicóloga formada pela Pontifícia Universidade Católica de São Paulo (PUC-SP), é psicoterapeuta de crianças, adolescentes, adultos, casais e família, com especialização em psicologia analítica e técnicas de trabalho corporal pelo Instituto Sedes Sapientiae. Especialista em terapia de casal e família pelo Instituto J. L. Moreno e pela Sociedade Brasileira de Psicologia Analítica (SBPA). Professora e analista junguiana pelo Instituto Junguiano de Ensino e Pesquisa (Ijep). Coautora do livro *Terapia de casal e de família na clínica junguiana – Teoria e prática* (São Paulo: Summus, 2015).
E-mail: mgloriagmiranda@gmail.com

Maria Silvia Costa Pessoa

Psicóloga, doutora em psicologia clínica pela Pontifícia Universidade Católica de São Paulo (PUC-SP). Analista membro da Sociedade Brasileira de Psicologia Analítica (SBPA). Psicoterapeuta de casal e família, psicoterapeuta EMDR (Eye Movement Desensitization and Reprocessing) e coordenadora do Núcleo Criarte – "Morte, Luto e Criatividade" –, da SBPA. Autora do livro *Os sonhos na terapia junguiana de casal: um modelo de análise* (Appris, 2017). Coautora do livro *Terapia de casal e de família na clínica junguiana – Teoria e prática* (São Paulo: Summus, 2015).
E-mail: clinica@internamente.com.br

Marli Tagliari

Psicóloga formada pela Universidade Metodista de São Paulo. É psicoterapeuta junguiana com formação em terapia de casal e família pelo Núcleo de Estudos e Prática Sistêmica do Instituto Sistemas Humanos. Especialista em terapia de casal e família pelo Instituto J. L. Moreno e pelo Núcleo de Casal e Família da Sociedade Brasileira de Psicologia Analítica (SBPA). Coautora do livro *Terapia de casal e de família na clínica junguiana – Teoria e prática* (São Paulo: Summus, 2015).
E-mail: marlitagli@yahoo.com.br

Olga Maria Fontana

Psicóloga formada pela Pontifícia Universidade Católica de São Paulo, com especialização em cinesiologia psicológica pelo Instituto Sedes Sapientiae. Especialista em psicologia clínica e supervisora clínica pelo Conselho Regional de Psicologia de São Paulo. Especialista em terapia de casal e família

pelo Instituto J. L. Moreno, é psicoterapeuta de casal e família pelo Núcleo de Casal e Família da Sociedade Brasileira de Psicologia Analítica (SBPA). Fundadora da Orion Clínica e Centro de Estudos de Psicologia Analítica. Coautora dos livros *Jung & Sándor – Trabalho corporal na psicoterapia analítica* (São Paulo: Vetor, 2012), *Ensinamentos de um mestre – Pethö Sándor* (São Paulo: Edição do autor, 2020) e *Terapia de casal e de família na clínica junguiana – Teoria e prática* (São Paulo: Summus, 2015).
E-mail: olgafontana@uol.com.br

Rosana Kelli A. S. Picchi
Psicóloga formada pela Universidade São Marcos, é terapeuta de adultos, casais e família com orientação junguiana. Especializada em terapia de casal e família pelo Instituto J. L. Moreno e pela Sociedade Brasileira de Psicologia Analítica (SBPA), e em terapia sistêmica de casal e família pela Coordenadoria Geral de Especialização, Aperfeiçoamento e Extensão da Pontifícia Universidade Católica de São Paulo (Cogeae-PUC-SP). Membro do Núcleo de Estudos de Casal e Família da SBPA.
E-mail: rokelli@terra.com.br

Vanda Lucia Di Yorio Benedito
Psicóloga, formada pela Pontifícia Universidade Católica de São Paulo (PUC-SP), é analista junguiana pela Sociedade Brasileira de Psicologia Analítica (SBPA). Docente e supervisora no curso de formação de analista da SBPA, coordena o Núcleo de Casal e Família da clínica da SBPA e o curso de terapia de casal do Instituto J. L. Moreno. Psicodramatista pela

Sociedade Paulista de Psicodrama, é autora de *Amor conjugal e terapia de casal – Uma abordagem arquetípica* (São Paulo: Summus, 1996), organizadora de *Terapia de casal e de família na clínica junguiana – Teoria e prática* (São Paulo: Summus, 2015), e coautora de vários livros com capítulos sobre casal e família.
E-mail: di-iorio@uol.com.br

Agradecimentos

Agradecemos à Sociedade Brasileira de Psicologia Analítica (SBPA) pela estrutura institucional que oferece ao funcionamento do Núcleo de Casal e Família, apoiando e promovendo nossos projetos.

Agradecemos a todos os funcionários que direta e indiretamente deram suporte a este projeto do livro, de forma especial a Felipe e Rodolfo, que se dedicaram em organizar nossas reuniões via Zoom e a Luciana, atenta a todos os detalhes que envolvem a condução administrativa da clínica social.

Agradecemos a confiança dos casais e famílias que buscaram ajuda psicológica tanto na clínica social da SBPA como nos nossos consultórios, que vêm nos permitindo aprimorar, a cada atendimento, nossos conhecimentos e desejo de apurar nossas técnicas para desenvolver cada vez mais este trabalho.

Agradecemos a Laura Villares de Freitas, que aceitou escrever o prefácio deste livro, tendo participado de cada capítulo com suas orientações.

Agradecemos em especial às colegas de longa data Maria Beatriz Vidigal Barbosa de Almeida e Irany de Barros Agostinho, sempre presentes nas nossas reuniões, com suas valiosas reflexões na discussão de todos os textos aqui publicados.